智慧之泉

李载禄博士箴言专栏集锦

智慧之泉

Fountain of Wisdom

闪亮如宝石的智慧之道

"智慧为首，所以要得智慧。"

(箴言4章7节)

闪亮如宝石的《智慧之泉》

被誉为"花生博士"的乔治·华盛顿·卡佛，自幼求神赐他聪明智慧。

当时美国南部由于种植棉花长达100多年，导致土壤贫瘠，再加上虫害甚重，棉花产业遭到毁灭性的打击。当时卡佛呼吁人们种植花生，因为种植花生可以改良土质，提高农作物产量。

而后，乔治·卡佛依靠神所赐的智慧，利用花生开发研制出300多种副产品。有一次他在台上演讲时，有人向他提问：

"是什么原因让您做出如此惊人的发明与发现？"

"我从《圣经》中获得了创意。从《圣经》中我们可以遇见天父和耶稣基督。这些发明与发现都是因神垂听我的祷告，赐我智慧才成的。"

正如诗篇147篇5节所说："我们的主为大，最有能力。他的智慧无法测度。"神的智慧是无限的。我们若领受这一智慧，必能取得惊人的成就。

所罗门因着讨神的喜悦，得称为"耶底底亚"（蒙耶和华宠爱者），并领受了空前绝后的智慧和惊人的祝福。

他继承其父大卫，登基作王之后，尽心竭诚向神献一千牺牲为燔祭。对此神甚是喜悦，便在夜间向他显现，对他说："你愿我赐你什么，你可以求。"于是所罗门求智慧和知识，因为他认为身为一国之君，第一要紧的，就是要有治理百姓的智慧。在他身边尽管有许多足智多谋的师傅，但他没有求他们，而单单求那智慧之本的神。于是神非但赐他智慧，并将他所未曾求过的财富与尊荣也赐给他。

《圣经·箴言》就是所罗门借助神所赐的智慧，以及自身的生命经历所记录的宝训。

"以色列王大卫儿子所罗门的箴言：要使人晓得智慧和训诲，分辨通达的言语，使人处事领受智慧、仁义、公平、正直的训诲，使愚人灵明，使少年人有知识和谋略，使智慧人听见，增长学问，使聪明人得着智谋，使人明白箴言和譬喻，懂得智慧人的言词和谜语。"（箴言1章1节-6节）

《智慧之泉》是箴言专栏集锦，共分七个主题，五十二个篇章，可以每周思想其中的内容，也可以作为灵修学习资料。书中囊括获得智慧与明哲的法则、体现合时得当之言行的方法，以及智慧应对危机的诀窍等人类生命中不可或缺的神丰富的智慧。

　　奉主的圣名祝愿阅读此书的读者，能够从中汲取神奥秘的智慧，以致常蒙神的应允和祝福，饱享富贵、长寿与平安的福气。

2010年12月，于客西马尼祷告处

李载禄博士

目录
Contents

第一章
智慧之泉

第二章
获取智慧的路径

第三章
做一个聪明通达的人

第六章
尊荣以前必有谦卑

第七章
极致的善和完全的爱

第一章

智慧之泉

Fountain of Wisdom

有智者有福
如荒漠之泉的人
智慧的恩言打动君王的心
谦卑是一种智慧
顺从的智慧
要闻而有智言而无过
属善的智慧止息纷争
得智慧胜似得金子

"出自属善的智慧之言行
能够止息纷争,
叫人心悦诚服。"

有智者有福

中国历史小说《三国志》里有这样一段故事,讲的是诸葛亮发兵南征,生擒了南中酋长孟获。诸葛亮立刻叫人给他松了绑,好言好语劝说他归降。但是孟获不服气,说:"我自己不小心,中了你的计,怎么能叫人心服?"并傲慢地扬言只要放了他,他就会堂堂正正地跟蜀军较量一番,一定会打赢诸葛亮。

诸葛亮听罢,就把他给放了。但孟获第二次又乖乖地被活捉了。诸葛亮再次劝他,见孟获还是不服,又放了他。像这样放了又捉,一次又一次,一直把孟获捉了六次。孟获每次都以各种托词拒绝归降。

到了孟获第七次被捉的时候,诸葛亮没等他狡辩就要放他。孟获这下却不愿意走了。他流着眼泪说:"丞相七擒七纵,待我可说是仁至义尽了。我打心底里敬服。从今以后，不敢再反了。"

出征难攻的险要之地，费了好大功夫捉到敌军首领，却又把他给放了，况且还不止一次，一连七次都这样做，这是常人所难以理解的。但诸葛亮这样做是出于深邃的谋略。孟获在七擒七纵的过程中，渐渐醒悟到自己根本不是诸葛亮的对手。再加上看着诸葛亮对自己的宽容，逐渐产生了敬意。最终孟获成为诸葛亮忠心耿耿的得力助手。

我们可以从中学到诸葛亮超群的智慧。中国疆土辽阔，出兵讨伐一个地区，往往会受到另一个地区的攻击或骚扰。因此单靠强大的军事力量很难一统天下。诸葛亮清楚知道这个道理。因此，宁可花很多时间，也要使人心悦诚服地归降，以便一劳永逸。诸葛亮之所以能够发挥这样的智慧，是因为他有一颗仁爱之心和超常的耐心。

如果一个心里恶的人生擒了孟获，他一定考虑不到将来，立刻将其斩杀，或企图利用他得逞自己的阴谋。因为没有属善的智慧，所以只顾眼前，急于除敌，从而必然因小失大。这里我们当明白一个真理，那就是智慧缘于人良好的品性。

以色列的所罗门王之所以能够得享空前绝后的富贵荣华，是因为他拥有神所赐的智慧。他之所以能够领受这样的智慧，是因为他具有寻求治民良策的良善和仁慈的品性。因此，我们也要离弃罪恶,成就善心,领受神所赐的智慧。

如荒漠之泉的人

在沙漠的圆形帐篷里，有两个宝石商走了进来。他们彼此隐然显耀自己。一个商人故意把一颗大珍珠丢在地上，另一个商人捡起来说："这样的珍珠我多得是，对我来说这不过是一个普通的珍珠而已。"在旁边听两个人对话的阿拉伯牧民笑着对他们说：

"我也曾像你们那样喜爱宝石，但有一天在沙漠腹地我遇见了风沙，好几天都没吃东西，又饥又渴，精疲力竭。我拖着疲乏的身体在途中徘徊的时候，发现了一个布囊。我希望里面装的是食物，就急忙把它打开。"

牧民望着两个商人好奇而紧张的面孔，接着说："那囊中装满了平时我所酷爱的珍珠。"两个商人听到这里想：发现了梦寐以求的一囊珍珠，他一定是欣喜若狂。但那牧民意外地说："那时我大失所望。因为当时我所需要的不是珍珠，而是能够给我充饥的食物和解渴的水。"有个成语叫"雪中送炭"，比喻在别人急需时给以物质上或精神上的帮助、鼓励。如此看来，我们为了满足他人的急需，必须要智慧行事。

《圣经》记载大卫王躲避扫罗王的刀剑，在旷野流浪之时。在玛云的旷野附近，有一个很大的富户，男主人叫做拿八。这家人有大群的牛羊和众多的仆人。大卫的军队在平时给过拿八的牧人很多照顾，大卫便派人找到拿八讨一点饮食和肉。但拿八不但拒绝了大卫的要求，还恶语相加地侮辱了大卫的使者。大卫恼羞成怒，立刻率兵要对拿八一家斩尽杀绝。

拿八的妻子亚比该得知此事后，急忙将二百饼、两皮袋酒、五只收拾好了的羊、五细亚烘好了的穗子、一百葡萄饼、二百无花果饼、都驮在驴上。那么亚比该为何将各种食物驮在驴上去见大卫呢？因为这是大卫所要求的，也是大卫急需的物品，有了这可以平息大卫的烈怒。亚比该见大卫，便急忙下驴，在大卫面前脸伏于地叩拜，俯伏在大卫的脚前，说："我主啊，愿这罪归我！求你容婢女向你进言，更求你听婢女的话。我主不要理这坏人拿八，他的性情与他的名相称；他名叫拿八（就是"愚顽"的意思），他为人果然愚顽。但我主所打发的仆人，婢女并没有看见。"（撒母耳记上25章23节-25节）

亚比该不仅给大卫一行人马"雪中送炭"，又以极为谦卑而智慧的言语向大卫请罪，大卫的心自然被感化，亚比该一家也从而免遭灭顶之灾。但十天后，愚昧、顽恶的拿八被神击打而身亡，身体僵如石头一般，大卫取了亚比该为妻。亚比该凭着她的智慧和聪明，给蒙神爱的大卫供应他所急需的物资，因而得到作王妃的祝福。

Fountain of Wisdom

"人口中的言语如同深水，智慧的泉源好象涌流的河水。"

（箴言18章4节）

智慧的恩言打动君王的心

中国春秋时期，卫国的国王卫灵公有一个臣子叫弥子瑕。此人相貌俊美，能言善辩，集国君的宠爱于一身。弥子瑕恃宠自傲，滥用职权，为所欲为，祸乱朝纲。

有一天，一直对此感到忧虑的人拜见卫灵公说：

"小人昨晚做的一个梦应验了。"

"什么梦？"卫灵公好奇地问。

"我在梦里看见了灶头，那是要被大王您召见的预兆。"

卫灵公大怒，立声吼道："胡言乱语，君王代表太阳，觐见主公应该梦见太阳，怎么却梦见灶头，分明是欺骗寡人。"

那个人不慌不忙地说："大王息怒，请听我解释，太阳普照天下，万物都接受它的滋润，谁也遮挡不住它的光芒。这就像君王统领全国，心系天下，任何人都蒙蔽不了您。大王知道灶头是用来烤火的，一个人烤火，遮住了灶门，后面的人就看不见火光了。我梦见灶头却觐见了君王，兆示是有人蒙蔽了君王，而不是小人的过错。"

卫灵公听罢恍然大悟，便辞退了弥子瑕，重用贤臣，治国安邦。

如上所述，人犯错误的时候，若用恰当的比喻、智慧的言语进行规劝，即使是一国之君也会受到感动，改过自新，利国利民。

然而，人若自以为所说是良言，却以不明智的话刺伤别人，惹起对方的怒火，那么，此话无论怎样公义，于人于己都没有任何益处。真正仁义的人，不会轻率冒犯别人，也不会伤害别人的感情，而且他无论何时都会履行自己义不容辞的责任。

我们给对方说忠言固然重要，但更重要的是怎样机智地去传递。若要指正别人的过错，最好是先称赞别人的长处，然后再进行规劝。因为人得了称赞，心门会打开，从而会更容易、更心甘情愿地接受别人的劝言。如果你的周围有误入歧途的人，就当以智慧的恩言，并用真诚的爱心，进行规劝，使他归正。

Fountain of Wisdom

"喜爱清心的人，因他嘴上的恩言，王必与他为友。"（箴言22章11节）

谦卑是一种智慧

拉尔夫·华尔多·爱默生是美国著名的哲学家。有一天他和儿子竭力想把一头牛犊牵进圈牲口栅栏。父拉子推，但这个牛犊很倔，僵直双腿硬是不动弹。父子交换位置继续拉拽，仍然无济于事。

一个爱尔兰女仆看到他俩这副窘态，就走过来要帮助他们。她手中既无赶牛的木棍，也无拴牛鼻环的纤绳，只见她挽起衣袖，把指头伸进牛犊嘴里，那只牛犊竟然顺着她乖乖地进了栅栏。

爱默生是个博学多闻的人，但他的学问并非能包罗万象。当他为牵牛进圈的事而苦恼时，一个为他做饭的女佣却不费吹灰之力为他解决了难题。

这则故事给我们的教训是：人的知识、智慧和能力是有限的。当人承认这一点时，才能在全知全能的神面前降为卑。即使是一个博学的人，他在童子身上也必有可学之处；在斗大的字不识一个的人身上也可以学到很多东西。故此，神教导我们看别人比自己强；降卑自己，服事别人。你对许多事都得心应手，别人或许一个也不会，但你不会的一件事，或许是别人所擅长的。

因此，持守谦卑的心，是一种智慧。在神没有难成的事。我们只要带着谦卑的心向神祈求，凡所求的都能从神得着。马太福音记载一位妇人因着谦卑的智慧蒙耶稣称赞的故事。

这位妇人有一个附鬼的女儿。有一天她来到耶稣面前恳求耶稣医治她附鬼的女儿。但耶稣意外地拒绝她说："不好拿儿女的饼丢给狗吃。"这是要试验这个妇人，看她有没有信心可蒙应允。当时犹太人视外邦人如狗，这个妇女正好也是推罗地方的外邦人。但这妇人并没有因着这句话而伤自尊心，或感到失望，反而坚持以谦卑的心态，告白自己的信心："主啊，不错，但是狗也吃它主人桌子上掉下来的碎渣儿。"

于是耶稣称赞那妇人的信心是大的，并对她说："照你所要的，给你成全了吧！"从那时候，她女儿就得了释放。我们若也像这位妇人一样具备谦卑的智慧，我们所求的一切必都蒙神应允。

Fountain of Wisdom

"人的高傲，必使他卑下；心里谦逊的，必得尊荣。"（箴言29章23节）

顺从的智慧

　　人生在世难免遭遇到各种抉择，有时还会碰到令人束手无策的难题。此时，有智慧的人不会倚靠自己的能力、动用人的方法。他们会以得神喜悦的信心和顺从的智慧，蒙神应允，问题获解。

　　列王纪下5章记载乃缦元帅以顺从的智慧，讨神的喜悦，蒙神赐福的故事。乃缦这个人是大亚兰国的元帅，是一位精忠报国，对王忠心耿耿的大能的勇士。他是一位位尊身贵的人。他曾经在与敌国的争战中大获全胜，立了赫赫大功，得到亚兰王的信任和百姓的爱戴。

　　但他有一难言之隐，就是得了大麻风，这是当时的医术所束手无策的疾病。这种病多发生于面部、四肢、背部，以及手脚上。身体各处出现红斑点，并伴有溃疡。麻风杆菌损坏神经，导致局部感觉障碍和麻木症状，甚至会导致毁容残肢——眉毛脱落，手指、脚趾脱落等。

因患不治之症而忧苦愁烦的乃缦元帅，有一天从一个使女口中听到好消息说：主人若去见撒玛利亚的先知，大麻风必得洁净。这个使女是从以色列国掳来服事乃缦之妻的。乃缦元帅是个心地善良的人，他信了那小女子的话，就带银子十他连得，金子六千舍客勒，衣裳十套，前往撒玛利亚去见以利沙。

乃缦元帅千里迢迢，风尘仆仆地赶到撒玛利亚，到了以利沙先知的门前，谁知这位神人居然连面都不露，只是打发一个仆人来吩咐乃缦元帅说："你去在约但河中沐浴七回，你的肉就必复原，而得洁净。"乃缦元帅恼羞成怒，转身要走。因为他想自己是一个强国的大名鼎鼎的元帅，先知必定出来欢迎，并郑重其事地站着求告耶和华他神的名，在患处以上摇手，治好这大麻风。但所至待遇却与他的期待大相径庭。

此时，乃缦元帅的仆人进前来，劝他说："我父啊，先知若吩咐你作一件大事，你岂不作吗？何况说你去沐浴而得洁净呢？"于是乃缦下去，照着神人先知的话，在约但河里沐浴七回。奇迹发生了！他身上的麻风病消失得一干二净，他的肉复原，好象小孩子的肉。

无论是谁，若像乃缦元帅一样离弃自尊心，顺从神的话语，无论面临多大的难题，也都能迅速获解。总之，信靠仰赖神，讨神喜悦的人，才是真正智慧的人。

Fountain of Wisdom

"心中智慧的，必受命令；口里愚妄的，必致倾倒。"（箴言10章8节）

要闻而有智言而无过

　　有个国家有一位君王，对民间谣传过分地在意。王的师傅对此深感忧虑，便想出了一个妙策。他劝王在染色工匠的行当内散布一个谣言，称："城中不久将要出现一个盖世无双的染色奇才！"然后再察看民情。

　　时隔不久，王穿上便衣便服，与师傅一同到街市听听那些染色工匠的话。

　　"那个染色奇才我早就认识，他只是徒有虚名，没有真本事。我在某城做染色工匠的时候，他就在我隔壁的店铺当伙计，那时他还做了我的徒弟呢！"……

　　各种挖苦和诽谤，居然都投射到这位根本就不存在的奇才身上。于是帝师试探地问他们那位奇才的事，他们就兴奋起来，唾液横飞地讲述那位奇才的情况，甚至发誓说他们的话都是真实的。王和师傅哭笑不得。一个无中生有的染色奇才之谣言，居然闹出如此荒唐的结局——人们自称其师傅，做过他的邻居，又说那所谓的奇才不过是徒有虚名的庸才，甚至发誓说他们的话无不属实。

此时，师傅对王说："陛下，这一切您都看见了。他们居然说兔子是有角的，甚至说那兔角不顶用，不属于贵重的药材。"意思是说兔子有角本已是无中生有的，他们却厚着脸皮说那个兔角不是贵重药材，这是多么荒谬的无稽之谈！

从那以后，王再也不为世间的谣传所动摇。我们应当从中吸取一个教训，就是：话出口前要三思，听人之言要谨慎，并要具备不为流言蜚语所摇摆、不轻信别人传言的能力。

人们往往单凭别人口中的话，就断定是非，误解人或事，根本不考虑其背景或根由。那些随意论断别人，给无辜的人定罪的事也屡见不鲜。因此，听一面之词就轻率断定是非，乃是昏聩之举。只有听双方乃至多方之言，全面了解情况，才能做出正确的判断。我们每说一句话都要慎重，务要三思而后言，免得话语上有过失。

一个人口中的言语代表其心思意念；言语上没有过失的人，便是一个良善而完全的人。智慧人体贴别人的心意，说话总是合宜得当，并且分清何时该发言、何时该保持沉默。他们听到某种传言时只作参考，不会为之所动，也不轻率下结论。

Fountain of Wisdom

"多言多语难免有过，禁止嘴唇是有智慧。"（箴言10章19节）

属善的智慧止息纷争

赵国惠文王当政时期,有两位著名的贤臣良将,分别叫蔺相如和廉颇。

蔺相如凭着超群的智慧和杰出的口才登上了上卿高位。廉颇则是一员骁勇善战的良将,闻名于诸侯各国。

廉颇将军因蔺相如的官位在自己之上,心中极为不快,因为他想:我是凭着久经沙场,出生入死,屡立战功,才得了这大将官位,可这相如却只靠着那三寸不烂之舌,不费吹灰之力就得居高位,再者相如出身低贱,我耻于居他之下。并扬言要当面侮辱蔺相如。

蔺相如听到这些话,总是避免和廉颇见面。相如的门客便以为相如害怕廉颇,觉得可耻,非常气愤。于是蔺相如对他们解释说:"依你们看来,是廉将军厉害呢,还是秦王厉害呢?"门客们不约而同地说:"当然是秦王厉害了。"因为当时秦国是威胁赵国的敌国。

蔺相如提醒他们说:"秦王这样威焰万丈,我却在朝堂上斥责他,嘲弄他的臣子们,难道我就单独害怕一个廉将军吗?不过我想,强暴的秦国之所以不敢对赵国用兵,正是因为有廉将军和我两个人在啊,如果我们二人彼此相争,那情势发展下去,一定不能一起共存,这正合秦国的心意,赵国必然陷入危机,我对廉将军一再退让,正是以国家利益为重,把私人恩怨的小事抛在脑后啊!"

蔺相如这番话传到了廉颇的耳中,廉颇为相如如此宽大的胸怀深深感动,更觉得自己十分惭愧。于是脱掉上衣,在背上绑了一根荆杖,请人领到相如家请罪。从此两人誓同生死,成为至交。

蔺相如是个智慧人,他深明大义,甘受凌辱;为了国家利益,把私人恩怨抛在脑后。因他的智慧是出于善心,便能得到对方的心,结成生死之交。

总之,由属善的智慧所发出的言行,能够止息纷争,使人心悦诚服,改过自新。

但我们周围有很多这样的人,他们为了维护自己的自尊心,或因胜不过自己的情绪,与人大吵大闹,以致误了大事,后悔莫及。因此,我们应当在凡事上消除负面情绪,只凭善美的心灵,追求与众人和睦。

Fountain of Wisdom

"愚昧人张嘴启争端,开口招鞭打。"(箴言18章6节)

得智慧胜似得金子

　　高丽王朝有一位名将叫姜邯赞。他在一次重大战役中大获全胜，立了大功。王为他摆设了隆重的庆功犒劳宴。

　　姜邯赞将军作为筵席的主角，在摆满山珍海味的餐桌前落座入席。当他为了吃饭揭开碗盖时，发现里面居然是空空如也。这无论在宫廷的规矩上，还是在礼节上，都是难以容忍的事。再者，这事又偏偏发生在筵席的主角姜将军身上，问题就更大了。这事如果被人知道，用人指定要受到重罚。

　　姜邯赞将军心中忧虑，便想出了一个妙策。他首先暗暗地把那个用人叫到门外，告诉他所发生的事。用人听罢惶恐万分，俯伏在地求饶。姜将军将他安抚之后，指示他解决方案。然后回到座位上，若无其事地跟客人谈笑风生。一会儿用人走近姜邯赞将军，对他说："将军，您的饭该是凉了,我给您换个新饭如何?"

俩人之间究竟发生过什么事,无人知晓,只是空碗被撤走,取而代之热乎乎的新饭摆在了姜将军面前。筵席依旧热闹非凡,喜气洋洋。

倘若一个恶人碰到这种情况会怎样呢?他一定会怒不可遏,大声斥责那用人,这样一来,不仅破坏了筵席的喜庆气氛,而且那用人也会受到重罚。然而,姜邯赞将军因心存良善,即使是卑微的用人也不轻看,反而以智慧的举措保守他不受责罚。他的胸怀开阔,关怀之心无微不至,从而保全筵席的喜庆氛围。

由此看来,智慧不一定都是有模有样,有声有色,有时在日常生活中的一个小小的善举也会成为一种闪亮的智慧,传为佳话,流芳百世。当我们拥有求对方益处的心、不愿别人受害的心、想要愉悦众人的心等善心的时候,才能散发智慧之光,造就众人。智慧,不仅是我们日常生活所需要的,也是在信仰生活上,以及在传福音的圣工上也是不可或缺的。"怎样才能迅速成就家庭福音化?""怎样才能更出色地胜任神所赋予的使命?"我们若有智慧就会更容易得出这些问题的答案。无论是祷告蒙应允的诀窍,还是进入更美天国的路径,尽在智慧里面。而且长寿、富贵、安康的秘诀也尽在智慧之中。

因此,神在箴言16章16节强调智慧的重要性,说:"得智慧胜似得金子"。金子是人们所珍视的贵重金属之一。但它不能给我们带来真生命与真平安,反而却会给我们带来提防失窃的忧虑。然而,智慧是无人能窃取的,只要有效地应用,它的价值会无限放大。

　　拿金子比较智慧,不足以说明其价值。如箴言4章7节所说"智慧为首,所以要得智慧",智慧是无与伦比且无可取代的宝贝。神之所以把智慧比作金子,是因为这世界上金子是最为贵重的。金子富有光泽,经久不变,古今中外无人不珍视。故此,神将智慧比作金子,告诉人类:智慧比什么都宝贵。

　　箴言9章10节说:"敬畏耶和华是智慧的开端,认识至圣者便是聪明。"愿大家相信智慧的开端——耶和华神,获得比金子还要宝贵的智慧,度过荣神益人的人生。

Fountain of Wisdom

"得智慧胜似得金子;选聪明强如选银子。"（箴言16章16节）

第 二 章

获取智慧的路径

Signpost to Get the Understanding

智慧就是生命之泉
聪明必保守你
你要就真光
义人闪亮如宝石
不要发怒
打破框框
做一个深谋远虑的人

"人生只有一次。
活出人生价值的唯一路径，
就是以神的道为指路明灯，
获取属天的智慧和明哲。"

智慧就是生命之泉

在漆黑的夜里，若有一盏明灯指引，就能平安顺利到达目的地。神的道就是我们灵程旅途上的指路明灯，教导我们明白当怎样行事为人，将我们引入真理里面。一切问题的答案尽在神的道中。我们若顺着神的道而行，便能具有高识远见，前程一目了然。这就是明哲（箴言17章24节）。

当然，我们从人生阅历经验丰富的人身上也能学到智慧。风华正茂的年轻人，踌躇满志开展某种事业，但因为年轻气盛和缺乏经验而难免顾此失彼，遭到挫败。但年老的人由于经过长久岁月体悟了许多人生诀窍，因而能够分清是非好歹，可以给年轻人带来许多有益的训诲。

比如说孩子受伤或生病的时候，缺少经验的年轻妈妈会惊慌失措。但具有丰富的人生经历的老年人则可以采取适当举措，为其排忧解难。

人际关系上也是如此。老年人深明道义,通达事理,可以给年轻人揭示明哲之路,陈明父母与儿女之间、夫妻之间、师徒之间,乃至国与国之间保持和平与纽带关系的方略。因此,学习老年人的智慧,可以使方方面面受益匪浅,润泽我们人生。

俗话说"稳渡石桥,亦加谨慎"(韩国),表示即使觉得满有把握的事,也要向经验丰富的人咨询,方能事半功倍,万无一失。这样的人,可以使自己的人生旅途更加安全,富富有余。更何况我们若将自己的人生,向那全知全能的神交托和仰望,会得到何等祝福呢?神参透万事,预知将来。人生死祸福的法则,以及人生一切问题的解答尽在祂所写的书——《圣经》中。因此,凡倚靠祂,遵行祂言语的人,必稳行在祂的道路上,这条道路比石桥更实稳,不怕坍塌,走在这条路上的人必不至偏离左右,徘徊摇摆。

我们学习领悟神的道,就能分清是非、善恶、生命和死亡,随之恨恶那些将人引向败坏的邪恶。譬如:懵懂无知的孩子,身上或衣服上沾了污物也不介意,只顾贪玩。因为他不知道那污物何等肮脏。等他渐渐长大,增长知识,便可得知污物的肮脏,发现污物一旦沾在身上,他会立刻用水清洗,或用纸巾擦净。

如同孩子渐渐长大,逐渐分清污秽和洁净一样,我们随着不断地吃灵粮神道,灵命增长,就能分清生命之路与死亡之路,以致除去各样的罪恶,这样,我们的道路就可以亨通,凡事顺利。我们只有远离罪恶,行在神的旨意当中，才能领受上头来的智慧和明哲。

　　人生只有一次，活出人生的真实价值和真正意义的路径只有一条，那就是将神的道当作指路明灯，领受属天的智慧和明哲。

"人有智慧就有生命的泉源，愚昧人必被愚昧惩治。"（箴言16章22节）

聪明必保守你

人们常说"知识就是力量"。因为懂得有效地运用知识,会润泽我们的人生。

例如:一个人若广泛掌握有关疾病的知识,不仅能早期发现疾病征兆,还能更加迅速地解除疾病困扰。我们可以看到这样一种情形:有的人从某一段时间起常感到疲乏,食欲减退,还出现恶心,呕吐,腹泻,发烧的症状。起初以为是感冒,但过了许久也不见好转,于是去医院接受诊断,结果是重症肝炎。他若平素积累有关肝炎的知识,就可以预防肝病的恶化。

如此,人若了解各种疾病的原因和症状,就可以提前预防疾病的发生,即使患了病,也能迅速有效地进行应对。不过,这些知识都是出自于人的想法和智慧,因此是有限的。知识并非是万能的,最高权威的癌病专家也不免会得癌症；医学博士也不能保障自己的健康。

大多数人从外在的因素中查找疾病的原因。他们往往把疾病的原因归结为感染病菌，或过度疲劳。从而试图通过医疗手段或药物去解决疾病。然而，医学高度发达的今天，仍有许多不治之症和疑难病症。有些虽然可以通过手术进行治疗，但会留下很多后遗症，况且疗程也长，费用也巨大。

然而，相信全知全能之神的人若患了病，他们不会倚靠世俗的方法，而单单在神的道里面寻求答案。出埃及记15章26节说："你若留意听耶和华你神的话，又行我眼中看为正的事，留心听我的诚命，守我一切的律例，我就不将所加与埃及人的疾病加在你身上，因为我耶和华是医治你的。"从中我们可以得知：人得病的原因是不遵行神的话语。因此，人一旦患病在身，应当首先以神的道对照自己，悔改自己的罪。只要倚靠神的大能，无论任何疾病、任何软弱在神面前都不成问题。靠神医病，既无后遗症，又无疼痛，且省医疗费用。

家庭、工作和事业上的问题也不例外。一切问题的原因和解决方法，均能从神的道中找得到答案。你若醒悟到自己在哪方面违背神的话语，并立刻回转归正，就能经历到神大能的作为。总之，我们可以从神的道中获得聪明，领会一切成功之道。

无论做何事，关键在于根据神的道明确做事的目的和意义、最佳的途径，以及对自己的影响等。问题和事故的发生往往是出人意外的，再谨慎防备也是无济于事。唯独遵行神话语的人，才能蒙神保守，凡事亨通，凡事顺利。

你要就真光

　　把植物置于窗台上，不久就可以发现它的茎尖朝向窗户方向弯曲。几乎看不见阳光的森林里面，大部分植物也都争先恐后地朝着有光线的方向伸枝展叶。然而，有些植物喜阴，朝着背光的方向生长。这是因为不同植物的趋光性反应程度有所差异。

　　我们人类也有与此相仿的属性。人的心里有善心和恶心共存，善心是出于神，喜欢良善，爱慕真理；反之恶心是属于仇敌魔鬼、撒但，喜欢黑暗，迷恋罪恶，使人在罪恶的泥潭中越陷越深。例如：面对同样的难处，有的人悲观哀叹自己的处境，走向败坏的道路；有的人则以帮助比自己更困难的邻舍为乐。

　　植物喜光，向阳伸枝展叶；善心爱善，一心力行善义。对此，耶稣说"但行真理的必来就光，要显明他所行的是靠神而行。"（约翰福音3章

21节）这里"光"指的是本为爱、本为善的神耶稣基督并真理之道。那么，为了委身于本为光的神，我们应当怎样行呢？

首先要来到教会参加聚会。教会是神的圣殿，是宣讲神道的地方。出席教会的人有多种类型：有的出于诚心寻求神；有的出于寻求神迹，要得好处。后者是抱着侥幸心理来的，他们的心态是："只要能医病，去几次教会也无妨。"或者是："出席教会或许能扭转事业不景气的局面。"

当然，他们当中会有一些人听着所宣讲的道，逐渐建立信心，认识到有神，有天国，有地狱；还会认识到人都是罪人，只有罪得赦免，遵行真理，才能得救等道理，并且醒悟到比医病更重要的是罪得赦免，当之无愧地作神的儿女。他们凭着信心，走出黑暗，进入光明，自然经历神的大能，病得医治，问题化解。

然而，有的人虽然出席教会，听神的道，却只把心思放在医病的事上，便无法拥有真信心，更无法经历到神的医治。也有的人是迫于别人相劝出席教会。当然，尽管如此，神也会怜悯他们，帮助他们建立信心，获得救恩。

不过，你若想更快地经历神，蒙神的应允，那么一定要甘心乐意，向着光明，奋力迈进，这样神必将你引入蒙福的道路，得享美好的人生，如同果子在阳光照耀下，长得鲜亮，成熟饱满。

Signpost to Get the Understanding

"因为诫命是灯，法则(或作"指教")是光，训诲的责备是生命的道。"（箴言6章23节）

义人闪亮如宝石

宝石就是被埋在淤泥中，也容易被人发现，因它有闪亮的光彩。

义人如宝石闪亮，照亮黑暗，造就众人，得众民的喜爱。《圣经》上的古人先知正是义人楷模。历史上那些立下丰功伟绩、贡献卓著的仁人志士，也名垂青史，流芳百世，照亮世界。

约翰·沃纳梅克是一位美国商人，是始创第一家百货店的传奇人物，堪称百货商店之父。他是一名基督徒，从小信仰虔诚。十岁那年，在一个风雪呼啸的大清早，约翰·沃纳梅克把一车砖头拉到了教会。因为前一天的晚上牧师讲道时勉励圣徒们要为建造新教堂尽心竭力，率先向神奉献赤诚的念头在他的心里油然而生。可是沃纳梅克生活拮据，没有钱可奉献。于是他说服父亲，把家里烧制等着销售的砖头拉到了教会。牧师为之深深感动，便恳切地为沃纳梅克祷告祝福。领受这一祝福祷告而成长的沃纳梅克，凡所开的店都取得了成功。他的事业蒸蒸日上，蓬勃发展，以至成功首创了大型综合商场模式，发展至今。

世上有很多这样的人，他们自身条件虽有所欠缺，但却另辟蹊径，想出一个创意，拼力实现，造福后代。还有的人显出义举善行，或立下丰功伟绩被称之为伟人。他们留下的功业，为如今科学文明的发展做出了巨大的贡献。更何况神所认定的义人，该会怎样呢？

神所喜悦的义人，是以爱神为至上、爱邻舍如己、谨守遵行神的道、时常发出基督馨香之气和真光的人。光明有照亮黑暗的功效。太阳东升，黑暗退去，隐而未现的尽显无遗。人在黑暗中行走，容易迷路、跌倒，然而有了光明则不怕迷路，可绕开坑洼、肮脏而顺利前行。

在这罪孽满盈，黑暗笼罩的世界中，我们若能发出明光，作真理的向导，便是活出了真正有价值、有意义的高尚人生。对这样的人，神必将自己奇妙的旨意行在他的身上，使他荣耀神的名。

因此，我们要单单遵行神喜悦的旨意，作一个真正的义人，发出真光，照亮世界。

Signpost to Get the Understanding

"义人的光明亮（"明亮"原文作"欢喜"），恶人的灯要熄灭。"

（箴言13章9节）

不要发怒

在人与人之间的交往中，有幸福快乐的时候，也有尴尬或痛苦的时候。若彼此体贴对方的心，互相理解和退让，必能成就和睦。但若遇到不愉快的事，按耐不住情绪，轻易发怒，便会发生纷争，容易耽误大事。

这是美国总统林肯的一件轶事：林肯当选总统后，有一次乘火车前往华盛顿，到了一个站点的时候，群众前来燃放礼花，热烈欢迎他们一行。此时人群中有一醉汉大声嚷嚷说："看到实物，比想象的还要难看，所以我把票投给了比你长得好看的候选人。"

林肯听罢吩咐辅佐官说："把他叫来，我暂且要跟他谈谈。"辅佐官说："请总统不要介意区区一个酒徒的胡言。"但林肯执意要见那醉汉，辅佐官无奈就叫了他来。林肯以温和的口气对那醉汉说："尽管你选了别人，但我还是当上了总统。现在我就是你的总统。我现在正前往华盛顿，到那里会有很多困难，我很希望你能帮助我。"

醉汉大吃一惊，慌忙说："我当然乐意为您效劳，往后我就是您的支持者！"

林肯当时若考虑自己的地位和立场，会感到很不愉快。但他把这件坏事化作获得一名支持者的机会；他蒙羞而不发怒，反而宽以待人，感化对方，以至得出如此美好的结果。

人们往往在对方不合自己心意的时候向对方发怒。这是因为有藐视对方的心。人各有自己想法，但若不尊重对方的立场，以自己的想法当先，便难免心生怒气。另外，将某事托付下属去办理，下属未能成功时，作上司的往往会大发脾气。然而，身为一个上司，不能容忍下属的过失，用粗鲁的话伤害对方的感情，绝并非明智之举，因为靠着这种方式，或许能使下属下次办事有成，但还是得不到他的心，便无法完美成就自己所谋的事。

因此，我们应当效法耶稣基督的品性。耶稣是神子，却为了拯救我们人类来到这世界。祂受人逼迫，也从来没有对人心怀愤恨。当恶人挑起是非争端，要得着控告之把柄时，祂也用温和的口气，用爱心点醒他们。在为了代赎人类的罪，头戴荆棘冠冕，被钉于十字架，承受巨大痛苦的时候，祂也向神恳求赦免那些害祂的人们。

我们当以耶稣基督的心为心,凡事恒久忍耐,打造温柔的心,方能胸怀许多人。

 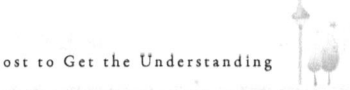

打破框框

　　有的人容不下自己限度以上的事，有的人则打破自己的框框，活出创造性的人生境界。

　　人生在世，难免会碰到意外的事，此时，只拘泥于自己框框的人，会陷入困境，或被各种问题所困扰，难以自拔。例如：成年大象可以轻而易举地卷起一吨重的物体，但马戏团里的大象却被拴在一截短小的橛子上，竟然一动也不能动。这是由于它小时候曾有过自己被拴在牢固的铁橛子上试图摆脱却徒劳无功的经历，从而即使长大了自己被拴在小橛子上，也不指望能够摆脱。

　　有的人就像这马戏团里的大象一样，被自己的固定观念、旧习或框框的捆锁所困住，受到很多限制。这类人，因不肯超越自己的限度，所以无法发挥能力。当然这可能也是由于缺乏应对危机的能力所致。故而，克服苦难和逆境的能力也是因人而异的。有的人能以超强的毅力去战胜刻骨的伤痛和巨大的苦难。他们的共同点就是：打破固定观念，持定"成功无极限"的理念。

我们从《圣经》中也可以找到在人看似不够条件的人被神重用的例子。大卫是耶西的八子中最小的，当年只是一介为父放羊的牧童而已。当撒母耳奉神差遣去耶西一家，要在他众子之内预定一个作王时，大卫也因出去放羊而不在场。

如此推断，谁也没有想到大卫会作王。难怪撒母耳先知也在遇见大卫之前，看见其长兄以利押相貌出众，便以为他是君主人选。然而，参透人内心的神却看中了大卫，便立他作以色列的君王。有些事，若是人照自己的想法、框框，或固定观念去衡量，觉得不合情理，但在神看来却是不然。神总是拣选具有良好内心的人作祂合用的器皿去成就祂自己的圣工。

具有一定框框的人，会照着自己的框框去做事。因此，只能在自己的限度里面取得有限的成果，从而难以经历到从无到有的奇迹。

神的能力是无所不能的。在神既无框框也无限度。因此，我们应当信靠仰赖这位使无变有的神，并且靠着神的道去破碎我们一切错误的框框、思想、理念，以及俗世的智慧和知识。这样才能领受神所赐的生命与知识、智慧、明哲和聪明，经历到神奇妙的作为。

Signpost to Get the Understanding

"你要专心仰赖耶和华，不可倚靠自己的聪明。"（箴言3章5节）

做一个深谋远虑的人

列子是战国初期著名的思想家和哲学家。他因家中贫穷,常常吃不饱肚子,以致面黄肌瘦。有人劝郑国执政子阳资助列子,以搏个"好士"之名,于是子阳就派人送他十车粮食,他再三致谢,却不肯收受实物。妻子埋怨说:我听说有道的人,妻子孩子都能快乐地生活,现在我却常常挨饿。宰相送粮食给你,你却不接受,我真是命苦啊。列子笑着对妻子说:子阳并不真的了解我的家境,只是听信别人的话就送粮给我。以后也可能轻信别人谗言,把我打下监牢,所以我不能接受。列子的妻子听罢哑口无言。一年后郑国发生政变,子阳被杀,其党羽众多被株连致死,列子得以安然无事。

我们若像列子那样凡事察验合理与否,做事之前考虑周密慎重,便能万无一失。不管遇到天大喜事,还是遇到十万火急的情况,也能斟酌是非，行事光明之人，便是深谋远虑的人。智慧人，在处理某种事情，或碰到意外时，会顾全前后左右，谨慎行事。

由圣灵感孕怀耶稣的马利亚，也是一个深谋远虑的女人。有一天天使长加百列向当时已许配约瑟的马利亚显现，告诉她将要怀胎生耶稣：

"马利亚，不要怕！你在神面前已经蒙恩了。你要怀孕生子，可以给他起名叫耶稣。他要为大，称为至高者的儿子，主神要把他祖大卫的位给他。他要作雅各家的王，直到永远，他的国也没有穷尽。……圣灵要临到你身上，至高者的能力要荫庇你，因此所要生的圣者，必称为神的儿子（或作"所要生的必称为圣，称为神的儿子"）。"（路加福音1章30节-35节）

马利亚听了天使长的话就说："我是主的使女，情愿照你的话成就在我身上。"当时是严格遵守律法的时代。一个未婚女子有了身孕，便是她行淫的明证，按着律法必处以石刑——遭石头击杀。尽管有生命的威胁，且与约瑟的婚约在先，她也丝毫没有犹豫，只凭着对神的爱心，谦卑领受神的指示，以至受圣灵感孕生下了全人类的救主耶稣，成为一个蒙福的伟大女人。

同样，我们若遇事不急躁，行动之前考虑周详慎重，便也能凡事稳操胜券，得享美福。

Signpost to Get the Understanding

"谨守训言的，必得好处，倚靠耶和华的，便为有福。"（箴言16章20节）

第三章

做一个聪明通达的人

How to Become a Wise Man

"敬畏神,凭智慧行事的人,
　　神必与他同在,
从而一切问题都得以化解,
　　凡事蒙福,凡事亨通。"

做一个聪明通达的人

聪明通达的人，善于应用知识，润泽生活，智慧应对面临的挑战。尤其那些敬畏神，以智慧和聪明行事为人的人，时常经历神的同在，以致没有难解的问题，凡事蒙神赐福。那么，我们为了成为聪明通达的人具体应当怎样做呢？

第一，要有知识。

这里所谓知识并非指世上的知识，而是指有关神道的知识。《圣经》是永生神的言语，是真理，其中包含着有关人类生命的初始和终了的一切宝训。我们通过《圣经》正确学习领会有关神道的知识，就能凡事辨清是非好歹。比如：犯了错误，悟其错因；碰到问题，察其本源，以便对症下药。

第二，要谨慎自守。

就是要谨言慎行，这是我们取得进步的重要途径。通过谨慎自守，我们能够反省自己的错误，避免重蹈覆辙，造就自己行事为人更加完全。再美好的事，也需要节制，方能成就完美。不汲汲于眼前的现实，把目光放远，调节现实的状况，等候最佳时机，是至关重要的。例如：尽忠固然是好，但为了保持精力充沛，更有效地工作，适当的休息也是有必要的。有时也需要有"退一步，进两步"的智慧。

第三，要有学识。

学识是指潜心研究所学的知识，应用于实际的能力。

有学识的人不仅精通理论，也善于践行，而且运用其知识能够表现一切，打造一切。人再怎么博学，若不运用那些知识，便是徒劳无益，唯独把所学的知识应用于实际，才能体现出其真正的价值。

第四，要有谋略。

谋略是指针对眼前问题思考出来的对策、解决方案；为了达成某种特殊目的而想出来的妙策。亚伯拉罕是一个善心和谋略兼备的人。当罗得在自己所住的所多玛被掳之时，亚伯拉罕率领自己家里生养的精练壮丁，去杀败敌人，成功营救罗得。那么，我们怎样才能领受谋略呢？心里信神，并遵行神的话，成就善心，就能靠着连神深奥之事也参透的圣灵所作的善工,领受超凡的谋略。

　　总而言之,要想成为聪明通达的人,须要具备知识、谨言慎行,兼有学识和谋略。为了具备这些条件,第一要紧的就是殷勤吸收灵粮——神的道,并要照着所悟出的道理去实践。即使神的道懂得再多,若不实践,便毫无益处。故我们应当活出神的道,在凡事上体现出通达人的智慧。

人生的教科书

美国的一位主日学教师,有一天把耶稣基督的福音传给在胡同里玩耍的四个小孩子。他们的心被触动,开始出席教会,建立信心。过了三十年后,这位教师收到四封生日贺电,是他从前施教的四名小孩传来的。

他吃惊地发现,他们如今个个都成了名人,分别是中国传教士、美联邦银行总裁、美国总统特别助理、美国总统候选人。从他们逢教师生日所发贺电的举动来看,他们小时侯所领受的训诲,成为他们人生的重大指标。当这位教师听到三十年前在胡同里领受福音的四个小孩子,居然都成为赫赫有名的人物,该是多么欣慰和欢喜呢?

这样,遇见什么人,受什么样的教育,可以成为大大扭转我们人生方向的契机。看到政史,我们也可以发现,那些独裁者身边的人都会变得阿谀奉承,狡诈奸猾。然而,善人的周围总要聚集正直良善的人,以至结满善果。

纳粹德国元首希特勒,出于建立世界霸权的野心,不择手段地犯下滔天罪行。他最后以自杀结束生命,与他同谋的人也受到最严厉的审判,在历史上留下难以抹去的污名。与之相反,朝鲜时代的世宗大王,仁慈为怀,善德为政,广招任用各路人才,勉励他们尽显其能,尽放异彩,以致定国安邦,天下太平。世宗大王至今享有圣君之美誉,受人们的尊敬和爱戴。

那么,我们为了活出真正有价值而善美的人生,应当师从何人,领受怎样的训诲呢?

学校老师们强调学生学习要以课本为主,方能取得好成绩。因为将基本的课本内容掌握好,就能具备运用能力。

人生在世,会遇到大大小小的问题。有一本可以畅解一切人生问题的神奇教科书,那就是《圣经》66卷书上的神言。《圣经》上记载着许多有关人生问题的重要宝训,包括人从哪里来,又往哪里去?怎样才能遇见神,经历神?怎样才能成为神的儿女?怎样祷告,才能蒙神应允?为了度过蒙福的人生,当怎样行事?疾病的原因是什么,怎样才能蒙神医治?怎样才能获得永生,拥有天国?等等。

只要遇见一个正确教导神道的牧者,好好领受这些宝训,并且应用于实际生活中,就能化解各种问题,度过成功的人生。

How to Become a Wise Man

"教养孩童,使他走当行的道,就是到老他也不偏离。"（箴言22章6节）

真正的知识

　　人生在世，确立正确的人生目标和方向是至关重要的。有的人为了获取名利与权势，博览群书，沉迷学问。因为学问可以提高生活品质，丰富人的生活。学问有很多类型：有与人体健康密切相关的学问，如医学、食品工程学等；也有促进政治、经济、文化发展的学问，如工学、法学等；还有如文学或哲学这样探求人生本质的学问。

　　不过这些学问都只是对人生在世的生存所必要的学问，不能使人获得永恒的生命和盼望。人是如何活在这地上的？人当尽的本分是什么？怎样才能获得永生？这些才是我们真正需要明白的知识。若是人生在世，吃喝二字，命终死亡，一了百了，这是何等令人悲哀的事呢？

　　大多数人拼命积累知识，单单出于对丰裕生活的追求。但那些知识都是有限的，无法解决所有的人生问题，更不能给自己带来真生命，因此不能算是真正的知识。唯独神的道,才是真知识,因为祂能使人获得真生命与永生。那么,我们怎样才能获得这真知识呢?

正如箴言1章7节所说:"敬畏耶和华是知识的开端,愚妄人藐视智慧和训诲。"唯独敬畏耶和华才能获得真知识。敬畏神就是恨恶邪恶,谨守遵行神的诫命,专心信靠仰赖亲近神。神创造了天地万物,祂是全知全能的神,因此,我们只要领受敬畏神的真知识,必不至缺乏。因为神将天国与永生,乃至地上一切的美福,赐给凡信靠仰赖祂的人。

使徒保罗是当时出类拔萃的精英。但他从耶稣基督里面发现真知识之后,感慨地告白说:"不但如此,我也将万事当作有损的,因我以认识我主基督耶稣为至宝。我为他已经丢弃万事,看作粪土,为要得着基督……"(腓立比书3章8节-9节)

《圣经》中蕴藏着神的心意和旨意,以及神的法度。并且显明灵魂的本质、人生的目的,揭示获得永恒的生命和真自由的路径。因此,我们当以谦卑的心敬畏神,从祂领受真知识,并遵行实践,以致蒙神赐福,凡事兴盛,身体健壮,正如我们灵魂兴盛一样。

How to Become a Wise Man

"敬畏耶和华心存谦卑,就得富有、尊荣、生命为赏赐。"(箴言22章4节)

愚昧人与聪明人

　　一般而言，父母管教孩子是为要使误入歧途的孩子有所悔悟，归回正道。对一个智慧又聪明的孩子而言，一句责备的话，会比责打一百下更有果效。若非如此，父母哪怕是鞭笞责打也要使他回转，这才是爱。若是听别人指责或劝勉时，无动于衷，或者虽然醒悟却不回转的人，着实是一个愚昧之人。

　　行正道的人，有时也有无意中走偏路的时候。此时，聪明的人一旦受到别人的点拨，就会立刻回转，重归正道。听到别人的指点或劝勉时能够这样立刻从内心里回转，闻过归正，这对打造成功的人生，起到关键作用。

　　谁都会有失误或犯错的时候。但重要的是：醒悟到自己的过错以后，会怎样迅速地回转。一个人若有真正愿意回转的心志，哪怕是一个

"小子"之言——只要那是对的，也会谦卑地领受。这样的人，一句劝言，就可以使他大有所悟，因此无需"责打"。

以大卫和扫罗王为例，查考愚昧人和聪明人的区别。

蒙神厚爱的大卫，为了掩盖自己犯下的错误，把自己忠心的臣仆安排到前沿阵地，使他阵亡。于是神差遣拿单先知责备大卫，大卫便立刻悔改自己的罪，对拿单说："我得罪耶和华了！"大卫是聪明人，他听了拿单先知的责备，当即醒悟自己的罪，并将此教训刻骨铭心。神知道他有这等内心，便称赞他为"合我心意的人"，并藉着大卫成就祂的旨意。

可是扫罗王却是怎么做的呢？本来很谦卑的他，自从登上王位之后，渐渐变得心高气傲，甚至抗拒神的话。他还明知大卫作王是神的旨意，却顺着嫉妒的心，企图杀死大卫，平生作恶多端。别人指出他的罪时，他也不肯回转，从而受到罪的报应，他因居心骄傲，顽冥不化，最终走向灭亡之路。

因此我们在神面前要做聪明人，被人指点错误时，要立刻悔改归正，时常遵行真理，得神的喜悦。

How to Become a Wise Man

"一句责备话深入聪明人的心，强如责打愚昧人一百下。"（箴言17章10节）

懂得价值的人

　　针对新罗时代名将金庾信将军之妹文姬，成为第二十九代君主太宗武烈王金春秋的王妃，流传着这样一个非常有趣的轶闻。

　　有一天文姬的姐姐梦见自己登西岳山顶泄溺而不止，以至弥满京城。醒来后觉得此梦古怪，不吉利，心里烦闷。

　　文姬听了之后，意外地对姐姐说：我拿锦裙，买你此梦。因为她对此梦的看法跟姐姐不同，她认为此梦的主人一定会成为胸怀整个新罗的大人物。后来哥哥金庾信的挚友金春秋请求帮忙缝补开裂的衣服时，姐姐因害羞而躲避，文姬却坦然接受了他的请求。以此为契机，文姬蒙王族金春秋的爱，最终美梦成真，登上王妃之位。做梦的是姐姐，圆梦的却是妹妹。

　　可见文姬是胸怀豁达，气量宏大的女人。她作王妃或许不一定就是因着那梦，但我们从中可以悟出人的胸怀、心志、告白的重要性。这则故事带给我们的另一种启示是：拥有什么并不重要，关键是认识其价值，更重要的是智慧地运用。

《圣经》中也记载着具有同样教训的事件。以色列的始祖雅各是个具有远大梦想的人，他素来对哥哥以扫的长子名分羡慕不已，有一次他碰到了一个好机会。这天，雅各正在厨房里熬红豆汤，浓香四溢。打猎回来饥渴难熬的哥哥以扫求雅各给他一碗红豆汤喝。雅各趁机向哥哥提出一个条件：一碗红豆汤我可以给你，但你要把你长子的名分转让给我。

以扫饥渴难耐，便不加思索地许了弟弟。谁知就这么一许，竟真的让弟弟雅各蒙得长子的祝福，成为以色列的始祖。如果以扫当时看重长子的名分，即使遇到比饥渴还要窘迫的状况，他也不会做出如此轻率的举动。

由此可见，人一生的果效，取决于人的心志和想法。当然这一结果的原因虽不能单单归结为各人善恶程度的差异。但同样的状况和环境中，采取怎样的生存方式，达到怎样的果效，取决于各人的胸怀、心志。即使拥有许多重价的宝物，若不认识其价值，便如挂在猪颈项上的珍珠。

与此同理，如今耶稣基督的福音已广传于全世界，但真正明白神道的可贵，拥有天国确信的人却是为数不多。大多数人对神真理的福音漫不经心,轻忽怠慢,最终落入永远的地狱。

人若赚得了全世界,却赔上救恩与永生,有何益处呢?故我们应当在主里面,单单仰望永恒的天国,活出真正有价值的人生。

"愚蒙人得愚昧为产业;通达人得知识为冠冕。"（箴言14章18节）

眼光的重要性

　　汉成帝时有个名叫朱云的地方小官。一次,他上书求见成帝,当着诸位大臣的面,对成帝说:今朝廷内有一位大臣,上不能正主,下无以利民,站着高位不干事,光拿俸禄不谋政,象孔子所说的,鄙夫不可与事君。如果不肯把这种人除掉,国家不知道会发生什么事,臣请陛下赐尚方斩马剑,杀此奸臣,以激励其他官员。

　　皇帝听罢勃然大怒,因为当时皇帝他自己本身不理朝政,与尸位素餐的奸臣们一起寻欢作乐,所以一听朱云这一坦率的忠言,便对他深恶痛绝。皇帝立刻下令处斩朱云。御史奉命推朱云下殿,欲要斩首之际,朱云死死抓住御殿栏槛不放,多人极力拽拉他,以致栏槛被折断。

　　朱云在殿上大声疾呼:臣在九泉之下与龙逄、比干(龙逄是夏朝末年的大臣。夏桀暴虐荒淫，他多次直谏，被桀囚禁杀死；比干是商朝忠臣。以欲扶正纣王的暴虐统治，以死谏君著称。）作伴足矣，臣死不足惜，但未知朝廷该怎么办！陛下将蒙受杀直谏大臣的恶名。御史强行把朱云拖下准备斩首。

在场的左将军辛庆忌，摘掉自己的官帽，解下官印和绶带，叩头殿下说：朱云性情狂直，早已尽人皆知，陛下对他不可太认真，假如他说得有点道理，不能杀，说得不对，也应该宽恕他。臣愿以这条老命相保，请求免他一死。

辛庆忌磕头磕得直流血，成帝大吃一惊，急忙劝阻，并成全他，免了朱云死罪。辛庆忌将军由于为人正直忠义，从而认出了朱云这样杰出的忠臣，并且冒死劝阻皇上，救其性命。

后来皇帝吩咐木匠原样修复那折断的栏槛，不准换新的，以表彰忠臣冒死直谏的精神，并要以此为鉴，免得自己以后再度犯下不识忠贤的错误。从这则典故中我们可以领悟到眼光的重要性。

耶稣的十二门徒之一，首徒彼得乃一介渔夫出身。耶稣如果只看他的外表和自身条件就不会召他做自己的门徒。然而，耶稣看出他是个好器皿，便炼净他成为神国的栋梁之才。后来彼得成为权能的使徒，一次就带领三千人悔改受洗归主，行出死人复活的神迹。

因此，我们要努力把眼光放得更大。一个人即使有九点短处，只有一点长处，我们也要去勉励他的那一点长处。再不足和欠缺的人，也

有长处。无论面对什么样的人，我们都不要失望，只要忍耐等候，激励
他并相助他，有朝一日必能看见其长处所结出的丰硕美果。

"人有见识，就不轻易发怒，宽恕人的过失，便是自己的荣耀。"
（箴言19章11节）

善良贤惠的妻子

有一则古老的民间故事叫《傻瓜温达和平康公主》，讲的是高句丽平康王的时候，有个名叫温达的小伙子，是个家喻户晓的"傻瓜"。被人打了，他也笑容以待；被孩子们嘲弄，他也不生气，于是人们把温达看成是一个蠢人。平康王有一女儿叫平康公主，小时候总是爱哭爱闹。每当他哭闹的时候，国王就"吓唬"她说："你再哭我就把你嫁给傻瓜温达。"虽然这是国王哄逗女儿的戏言，但公主却把它铭刻在心里。

公主渐渐长大成人，到了该出嫁的年龄，就不顾父母极力的反对，去找温达，与他成亲。公主全力以赴支持温达习文练武，原来温达不是傻瓜，而是一个非常聪明的人，只是因家境贫困，没能读书，再加上生性善良憨厚，便被人们看成是傻瓜。经过多年的勤学苦练，温达成为一个善德兼备，文武双全的高句丽猛将，名震天下。

对温达而言，能够娶到平康公主为妻，乃是一生之大福气，也可谓是上天所赐的恩宠。《圣经》也提到人娶到善良贤惠的妻子是个大福气。箴言31章10节说："才德的妇人谁能得着呢？她的价值远胜过珍珠。"箴言12章4节也说："才德的妇人是丈夫的冠冕"。

对大多数作丈夫的而言，最能给他们带来影响的，应该是天天碰面相见的妻子。我们可以发现长久岁月一起生活的夫妻，潜移默化地受对方的影响，以致性格、趣向，甚至长相也变得彼此相像。丈夫在社会上的成功，妻子的贤内助有时会起到关键作用。这是因为神造男人，也造女人，使丈夫有妻子这个配偶帮助他。"有助益的配偶"包含着给对方打造品性和人格产生帮助，为对方的人生带来巨大影响的伴偶之意。

有的丈夫对自己的妻子非常满意，认为妻子是神所赐的福分，反之有的人觉得妻子有很多欠缺，不够格。后者若要让自己的妻子改变成善良贤惠的妻子，首先他自己要在神面前打造善美的形像。要具备讨神喜悦的信心，成为属灵的家长，把家人领进属灵的光明中。这样，神必使他的妻子和儿女变得善美又可爱。当然作妻子的也要服侍自己的丈夫和家人如同服侍主基督。凡服侍神的人，都应当这样彼此服侍，在主里面成就美好的家庭。

How to Become a Wise Man

"房屋钱财是祖宗所遗留的，惟有贤慧的妻是耶和华所赐的。"
（箴言19章14节）

选择的重要性

据传从前有一位受世人尊敬的修行者。此人生活很节俭，甚至牙签用过之后也不舍得扔，就插在墙上，留着下次再用。

有一天用人打扫房间时发现这牙签，便不经意地将其取下而弃之。修行者得知后，大发雷霆斥责那用人。后来此事成为佳话，在民间广为流传，众人赞扬其节俭精神，比以前更加尊敬他了。

他的这种节俭的精神是可嘉，然而，此人若是存有善心，是不会以那用人失误为由，不问青红皂白就对他发怒。如此，人眼中看为正的事，若用真理去对照，很多并不是正确的；人眼中看为善的事，在神看来很多都是伪善的。因此，作为人应当用正确的眼光看待一切事物，用公正的标准去分辨是非好歹，这是至关重要的。

人生就是一种选择——在生活的每个瞬间，我们都必须要在善与恶、真理与非真理之间进行选择。我们需要选择的,不仅涉及善与恶的方面,也涉及吃什么,穿什么等这些日常小事,乃至求职、婚姻、购房、教子等人生大事。为了打造一个成功的人生,人总要去选择某些事情。

当今世界罪恶满盈,价值观变得混沌,以致以恶为善,视不义为正义的现象很普遍。越是这样的时候,我们越要做出正确的分辨和正确的选择。因为选择的正确与否,会左右人幸福的程度,决定人生价值的有无。

企业招聘员工的时候,往往会进行面试,为的是要得到对企业真正有用的人才。神的用人之道也与此相仿。唯独符合神所定之标准的人,才配作神的儿女,获得救恩,蒙神赐福,合神使用。

神把这些标准记录在《圣经》中,叫所有的人都可以去了解和明白。《圣经》上具体详细地记录着判断善恶的标准、获得永生的路径、防止生病永葆健康的方法、蒙得物质祝福的捷径、功成名就的秘笈、蒙神的爱和认可的诀窍等。希望大家通过神在《圣经》上的道,正确地分辨是非善恶,并时常做出智慧的选择,度过凡事亨通的人生。

How to Become a Wise Man

"你所作的,要交托耶和华,你所谋的,就必成立。"（箴言16章3节）

做一个和平与喜乐的使者

离间人的行径,有时会酿成非常可怕的后果。

高句丽鼎盛时期疆土辽阔,其势力范围包括满洲地和韩半岛北部,其国力强盛,可与中国比肩。当完成中国大一统的隋朝和唐朝派数十万,甚至超过百万的大军进行征伐的时候,高句丽也是屡战屡胜。渊盖苏文就是当时战功显赫的名将之一。

然而,渊盖苏文死后发生了亡国的悲剧,是由他的众子不睦所导致的。查考其始末根由令人不胜唏嘘。

渊盖苏文死后,其长子渊男生继承了父位。嗣位初,渊男生出巡国中各城,以弟弟渊男建、渊男产摄政。此时有人趁机向其两个弟弟进谗言,说:哥哥男生忌恨你们,想要把你们杀尽。又到男生那里挑唆说:你两个弟弟怕自己官位被你拿下,正在图谋害你。你最好是先下手为强,除掉你两个弟弟。

于是渊男生派自己的心腹到平壤进行窥探。两个弟弟便捉拿那个探子，将其扣留不肯归还，还叫渊男生上京会面。渊男生惊恐万分不敢回京，又接到二弟男建举兵来攻的消息，就向唐朝求援。结果导致高句丽被罗唐联军所灭的历史悲剧。

不过除了这种蓄意的离间以外，有时那些毫无恶意的传话，也会引起对方的误解而导致双方关系疏远。多言多语的人，只要有所见闻，就按耐不住，口无遮拦地去谈论、张扬。然而，殊不知自己无意中说的一句话，有时会给对方带来致命的创伤。

因此，不是好话就不要传，也不可屡次挑别人的错。屡次议论别人之过的人，其心里有离间人的恶。而且，我们断不能传扬歪曲事实的话，使人彼此误解、产生情绪。

箴言17章28节说："愚昧人若静默不言，也可算为智慧，闭口不说，也可算为聪明。"故我们应当杜绝闲言妄语，只说诚实话、造就人的话，做一个和平与喜乐的使者。

How to Become a Wise Man

"遮掩人过的，寻求人爱；屡次挑错的，离间密友。"（箴言17章9节）

第 四 章

合时得当的言行

Words and Deeds in Accordance with Situations

"我们的一言，
若能给人带来恩典；
我们的一行，
若能给人带来助益，
其价值便是胜过精金。"

合时得当的言行

　　"话"是用语音表达人心里的思想感情的一种交际和沟通的手段。然而，古人云："多言数穷，不如守中"，意即话说多了反而会理屈词穷，且显得轻浮，表示说话要慎重而有价值。

　　言语的重要性再怎么强调也不为过，因为很多时候言语会左右人的庆幸与不幸。在同样的情形中，一句话可以使人喜乐，也可以让人忧伤；可以使人欢笑，也可以致人恼怒。

　　智慧人会分清何时该发话、何时该保持沉默，不会轻率截断别人的话，更不会口出伤人之语。他们出言慎重，即使说一句话，也会预先考虑对别人的影响。进而，善人由于心中没有虚假与邪恶，从而不用深思熟虑也能自然而然流露出善言、爱语，其行为自然也是如此了。

　　畅所欲言，随想即行，有时或许会被认为是一种勇者之举，然而一旦有了破绽，落得弄巧成拙，适得其反。反之，我们的一言一行若能给人带来恩典与助益，其价值便是胜过精金。那么，怎样才能使我们的言行有价值呢？

首先言行要合时。诸事都有规律，环境和条件时刻在变换更替着。轻忽这些而做出的言行，无论它怎样美妙、出色，都是无法体现出其本然的价值。故我们应当常说善美的言语、肯定的告白，同时要有"话合其时"的智慧。"话合其时"，并非叫人为了逃避难处或挽回损失而与不义妥协，怯懦退缩。这是源于私欲的善变和诡诈之心。

朝鲜时代的宰相黄喜，由于直谏忠言于国王而多次遭贬黜，有一次因谏言太宗换立太子不妥而贬为庶人，被逐流放。然而，这罢黜黄喜的太宗也清楚知道黄喜是个独一无二的忠义之臣。后来，世宗继位之后，黄喜复归原职，治国安邦，功名卓著，被誉为一代名相，供职至87岁。

但以理的三友也是如此，他们面对死亡威胁，不屈不挠，正言直谏，不畏王怒，坚守义道。身为犹太人，被掳到巴比伦的他们，当尼布甲尼撒王令他们叩拜偶像时，放胆对王宣告说："尼布甲尼撒啊，这件事我们不必回答你。即便如此，我们所事奉的神，能将我们从烈火的窑中救出来。王啊，他也必救我们脱离你的手，即或不然，王啊，你当知道我们决不事奉你的神，也不敬拜你所立的金像！"由于他们如此坚贞不渝地行正道，神便将更大的尊荣赐予了他们。

故我们绝不要妥协于非真理，只要时常口出善美、合时的话，荣神益人。

轻率的论断是愚昧的捷径

　　有一则牧师喝酒的"丑闻"传遍了一所教会。但后来被澄清，事实并非如此。

　　原来牧师遇见久违的老友，由于老友是不信主的，为了调节气氛，便以饮料代酒，边喝边叙旧，双方津津乐道，时而互相劝杯："来，我们干一杯！""我来敬你一杯！"恰巧，有一位圣徒来见牧师，门外听到这"劝酒"的声音，便疑惑诧异，进而断定牧师在家里与人喝酒。牧师喝酒的"丑闻"便是这样诞生的。

　　这一消息一传十十传百，很快就传遍了整个教会。然而，当真相大白之时，那轻率鲁莽臆测论断的人，该是多么惭愧而懊悔莫及呢！还有那些轻信他人传言，肆意论断污蔑人的人们，一定是愧疚万分，无地自容。因此，我们应当认识到论断和定罪是何等愚昧的行为，并要尽早离弃这些违背真理的事,否则会无意中做出轻率的论断和鲁莽的举动,以致将别人推向困境。

神在箴言18章13节说:"未曾听完先回答的,便是他的愚昧和羞辱。"意即那些在弄清根由之前,随意论断并行动的人,必会抱愧蒙羞。

这样的现象在我们周遭屡见不鲜。有的人常在对话的过程中,截断别人的话,自作聪明,擅解人意,以致蒙羞。还有的人,听到别人的坏话,就顺着对此人素有的偏见和反感情绪,进行诽谤和贬低,然而事情被暴露之时,便蒙受羞辱了。

例如:一个人素来对金执事怀有负面情绪,且又先入为主,当他听别人说金执事迟到了,便矢口说道:这有什么可稀奇的,他本来不就是一个既懒惰,又毫无责任心的人吗!此时若那传话的人说:不是那样的,据说是家里发生了一件急事。该是多么惭愧呢?

这便是赤裸裸地暴露了自己论断对方,仇恨对方的不良心态。因此,我们听别人的话一定要听到底,这是一种智慧。雅各书1章19节说:"我亲爱的弟兄们,这是你们所知道的。但你们各人要快快地听,慢慢地说,慢慢地动怒。"这里"慢慢地动怒",并非教导动怒之前要忍一忍,乃是使人通过理解和宽容别人的努力,最终将怒气除去净尽。

具有善心的人则不会做出只听一面之词就轻率论断的愚蠢之举。他们即便一时性急论断别人,也会往善的方面思考,故而不会给别人带来害处。我们身为神的儿女，无论在何种状况中，行事为人总要以善为本，树立美好的形像。

"未曾听完先回答的，便是他的愚昧和羞辱。"（箴言18章13节）

如何获得忠良？

相传中国汉朝有一性情急躁，爱听歌功颂德之词的皇帝。

有一天他招聚众臣问道："你们觉得我是明君不是？"众臣由于惧怕皇上的火爆性情，异口同声地回答说：陛下是圣明之君、是贤德之主。当下唯独有一大胆的臣子直言不讳地说：陛下您不配做明君，因为您曾做了如何如何的不当之事。皇帝听罢大伤自尊，便怒令士兵将其拿下。

众臣见状诚惶诚恐，只看皇帝眼色，此时又有一臣子挺身而出，开口称颂道："陛下，您的确是一位仁慈的明君。"皇帝本来十分懊恼，听他这么一说，更觉可恶，便对他怒目以视，喝问道："刚才某某说我有很多不是，你怎么又说我是个明君呢？"当时，此人唯一的出路就是用智慧的恩言打动皇帝的心，否则别说是救别人了，恐怕连自身也难保了。

果然，此人不慌不忙地回禀皇帝说："自古以来，仁慈的君主身边必有说忠言的谏臣,您有刚才那位直谏忠言的臣子,便说明您是位明君。"

皇上听了此话,深有所悟,便大大褒赏那两位臣子。大多数人都希望自己的功绩被张扬,特长被赏识。任谁作了皇帝,都会希望自己能够博得仁慈明君的美誉。然而,这样的欲望若是过度,就会导致忠言逆耳,宠信奸臣,罢黜忠良,周围只剩下那些阿谀奉承,溜须拍马的奸佞之辈。一旦皇帝遇到不测,这些奸臣就会见利忘义,弃主反叛。反之,忠信的臣仆则坚贞不渝,口中述说真理,行事主张正义。

那么,什么样的人能得到这样的忠良呢?

就是敢于对下属承认自己的过错、甘心领受别人劝勉与指责的人。还有爱德兼备的人、降卑自己的人、乐意服侍人的人。真诚的心是彼此相通的,诚实的人总有那些舍命取义的忠诚益友向他聚来。

这一真理不仅适用于君王和臣子的关系上,也适用于如今领导和下属之间、同事与同事之间的关系上。身为领导若居高不傲,降卑服侍自己的下属,便能营造出和谐融洽的氛围,大家心情愉悦,同心合意,从而工作积极主动,促使效率提升,以致凡事顺利亨通。

因此,彼此言谈,或互相规劝时,我们当要以爱心和服侍的心为本。这样方能使组织次序井然,局面安定团结,氛围和谐美满。

Words and Deeds in Accordance with Situations

"人多述说自己的仁慈,但忠信人谁能遇着呢?"（箴言20章6节）

感人之言

中国东汉末年，有个官员名叫陈寔。他为人谦卑，遇事设身处地，善为他人排忧，断事公正，深孚众望。

这是在他任太丘县吏时所发生的事。有一天晚上，有一小偷溜到陈寔家里，躲藏在屋梁上面，伺机行窃。陈寔知道屋梁上面有人，却假装没看到，也未喊人捉拿他，而是把子孙们叫到面前训示："今后，每个人都要努力上进，勿走邪路。作坏事的人并不是生来就坏，只是平常不学好，慢慢养成了坏习惯。本来也可以是正人君子的却变成了小人，到头来必然蒙受耻辱，你们现在抬头看我们家梁上的这位君子，就是一个活生生的例子。" 屏住呼吸倾听此话的小偷吓得自投于地，叩头请罪。陈寔仔细端详小偷一番，对他说："看你的样子，不像是个坏人，你干这行可能也是被穷困所迫。"并赠丝绢两匹于他。

此事在远近传为佳话，家喻户晓，从那以后全县盗贼绝迹。我们从有关陈寔的典故中可以领略到善言的威力——可以触动人心，改变人生。我们从马太福音8章里的百夫长的言行，探讨善美的言语、爱心的表白，正面的言辞所具有的惊人的功效。

"百夫长"是当时对以色列进行殖民统治的罗马军衔，顾名思义，是统领百名士兵的军官。他有一个仆人患了瘫痪病，躺在家里甚是痛苦。虽是一介仆人，百夫长也没有轻看他，反而爱他，千方百计要给他治病。有一天他来到耶稣面前，求袖医治自己的仆人。耶稣喜悦他的这颗善心，便要去他家里医治那仆人。

然而，百夫长对耶稣说："主啊，你到我舍下，我不敢当；只要你说一句话，我的仆人就必好了。"意思是：您是尊贵的人，您到我的家里，我不敢当，您是神差来的人，只要您说一句话，我仆人的病就必痊愈了。此话反映出他谦卑的品性，以及异乎寻常的大信心。耶稣称赞百夫长的信心之告白，并照其信心当即医治了他仆人的瘫痪病。

这样，发自善心的感人之言，其妙无比，具有惊人的功效。我们平生说很多的话。善言可以给人带来力量和安慰，并能改变人生。

然而，一句冒失之语有时会给人带来抹不去的伤痛，或造成猜疑和误解。故我们应当时常体贴别人的心，设身处地理解别人，用善美的言语，感化众人。

Words and Deeds in Accordance with Situations

"良言如同蜂房，使心觉甘甜，使骨得医治。"（箴言16章24节）

怎样保守己心

人生在世，难免有过错和失误。但重要的是做错了之后采取怎样的态度，这会决定你的进步与否。

这是一则师徒之间发生的故事。有一天师傅和门徒们走过闹市的时候，遭人误解，起了争辩。门徒们卷入是非争端，立刻显出激愤的情绪，但师傅却依旧从容不迫。由于无辜受冤，甚感窝囊，回到家里，门徒们激动的心情也仍未平静下来。师傅从壁橱里取出一捆厚厚的信函，里面充斥着对他挖苦和诽谤的内容。

"跟你们一样，受人误解，我也在所难免，但我不去介意那些事。便使自己只遭一次污蔑，不再遭遇第二次，免得作一个愚昧人。此时此刻，我的心依旧明净而安宁。"

这里师傅所谓第一次污蔑是指遭人非难和议论；第二次污蔑则指

因着此事,闹得彼此心怀不平与愤恨,以至为了讨回公道,争辩是非。我们若拥有像这位师傅一样的心境,无论大事小事都不为之所动,反而可以保守己心,常享平安。

真正懂得保守己心的人,诸事都有节制,从而能够保守自己。我们若从心里离弃仇恨、猜忌、嫉妒等罪恶,并将真理填充于心,我们心里就会越发平安,蒙神爱的程度也会越发加深。为了达到这种无可指摘的完美境界,我们必须要保守自己的心。那么,为此具体应该怎么做呢?

首先要守住自己说过的话。多言多语难免有过。话一说出口,就不能再收回。故此,我们说话一定要谨慎,对说过的话一定要负责任。

而且,立定了心志,要立刻履行。即使是在某种程度上对自己的话负责的人,有时也会拖延履行自己承诺的决心,久而久之忘得一干二净。然而,诚实的人则相反——就是自己对自己所立的约定,他们也会谨守遵行,及时兑现。

其次要除去善变的心。无论对谁都要持之以恒地以诚相待,而且不辜负所蒙的恩惠,为了主所托付你的使命尽忠竭诚。神不喜悦那种甘则取之,苦则弃之的人,而唯独喜爱那些主意一定,便坚定不移地去履行的诚实人。

Words and Deeds in Accordance with Situations

"你要保守你心,胜过保守一切(或作"你要切切保守你心"),
因为一生的果效,是由心发出。"(箴言4章23节)

肯定的告白之重要性

　　有一些人，一旦遇到难处就悲观哀叹自己的处境，以至自暴自弃。然而有些人则可以把逆境转化为蒙福的契机。可见成败的关键在于面临现实的处境以怎样的心态去应对。肯定的思考和信心的告白，在信仰里面也是至关重要的。

　　和别人一样，我在信神之前，所说的话都是随自己的情感和意念而出的。其中既有正面的，也有很多负面的，包括：好、坏、快乐、悲伤、容易、艰难等等。但总的来说还是负面的话居多，因为人生在世不如意十之八九。

　　但我自从遇见永生神之后，通过《圣经》的宝训明白了否定的思考和负面之言辞的无益和虚空，并且吸取了"凡事照着口里的告白成就"的教训。从此我凡事坚持在主里面说肯定的告白。于是神照着我的告白成全我，使我能够靠主大大兴旺神的国度。

开拓教会初期，我们租下一间楼房的二楼，空间狭小，面积不到25坪（1坪相当于约3.3平米）。圣徒除了儿童以外不到十名。但我从那时起就凭着信心高喊"成就世界宣教"的口号，以致我们教会如今已发展成拥有世界一万多个支教会的超大型教会，全体圣徒同心合意，正在大力拓展世界宣教的圣工，取得举世瞩目的成就。

我开拓教会是在我读神学四年级的时候。当时周遭的人劝我最好趁早打消开拓教会的念头："你知道开拓建立一所教会是多么艰难而痛苦的事吗？"这是因"开拓一间教会需要数年的艰苦打拼"的这种固定观念促使他们这么说的。但我因从内心里相信神是全知全能的，所以能够坦然地告白说："不难，神必做我随时的引导，使我顺利亨通，引无数的灵魂归主得救！"

即使有人说负面的话，我也没有在意，心志意念依然坚定。当我向神祷告，时常说信心的告白时，神使我经历到祂那使无变有的惊人的作为，使本教会成为世界性的超大型教会，单单归荣耀于神，这是何等令人欣喜和感恩的事呢！

信心是宝中之宝。只要我们拥有这宝贝的真信心，必能在生命中发现光辉，照亮世界。我们若相信神是使无变有的神，不拘遇到任何难关，都能说出肯定的告白。这样，神必照着告白的信心成全我们；无论走在死荫的幽谷，我们必寻得一条蹊径，进入亨通的道路，因为神时常与我们同在。

行动的重要性

　　相传有一位德高望重的贤人，有一天一位求道者慕名而来，问他道："我想请教您所悟之道。"贤人回答说："奉善举；远恶行。"

　　求道者以为这位贤人有什么深玄之道开示，没想到只是两句再简单不过、路人皆知的俗理，有所失望，便以略带讥讽的语气说："这个道理三岁孩童都知道。"贤人对他说："然而八十老翁做不来。"

　　大多数人都是从小听着善教良训成长的。常听父母或老师教导说：为人要良善、不要做坏事、要孝敬父母、要助人为乐等等。然而，即使领受了同样的善教，长大成人之后，各人的光景却是不尽相同，这里要论的不是谁考上更好的大学，或谁的财富多，名声高，而是各人的品格操行。

　　一个人即使一无所有，学识不深，但他只要诚然践行所听所悟的道理，正直为人，就能散发出人格的魅力，人就是仅仅与他同在一处，也能深得造就，正如"身教胜于言教"。

反之，一个人即使赢得高位大名，万人钦羡，心里却充满着不义与邪恶，那么即便一个善良的人与他同处，也会深感哀悯。因为心善的人只喜欢看见美好的、圣善的、欢乐的事物。

因此，一个人即使具有善美的心灵，若不将其表现出来，便无法取悦别人，因为人的眼目无法看透他的内心。比如说你与久违的亲友相逢，觉得既然是老朋友了，不用表白，他也会知道我对他的思念之情，于是没有开口表示欣喜之情，那么这位朋友能理解你的心情吗？

只有欢喜跑去拥抱相迎，才能确认彼此的情感，以致增添喜乐。受到别人的恩待，不要只在心里感恩，应当用实际行动表现你的感恩之情，哪怕是小小的一片赤诚。这才是真正意义上的感恩。

信仰生活也与此相仿。即使听道无数，知识甚多，若不遵行，便是徒然无益，这不能算是真正的信心。时下有很多人承认自己是信神的。可是神说：没有行为的信心就是死的（雅各书2章17节）。不是出席教会10年，20年就可以得救，唯独遵行神的话，持有活泼之信心的人，才能得神的喜悦，获得救恩。

Words and Deeds in Accordance with Situations

"我儿，不要忘记我的法则(或作"指教")，你心要谨守我的诫命。"

（箴言3章1节）

第五章

正直人的道

The Highway of the Upright

正直为人
正直人的道
公正无私
勤勉、诚实、忍耐
诚实人所结的果子
即或不然
不改变的心志

"不拘任何时代，
不拘任何地方，神看为正直的人，
其道路必然亨通。
正直，就是将神的道铭刻在心，
并且谨守遵行，
在神指示的正路上不偏左右。"

正直为人

生活在这个纷繁复杂的世界中,我们需要时常反省自己,梳理自己。

有人说:人想要在这竞争激烈的现代社会中得以生存,不仅要懂得欺骗,也要学会吹嘘。在他们眼里,那些行在正直的道路上不偏左右的人,都是愚拙的。然而,神将恩典唯独赐给那些正直的人,并照他们所行的回报他们。因此,我们应当明白何为真正有价值的人生,行走正直的道路。

在某个村庄里,有一个为人正直,心地善良的贫困青年。

这天,他在一家面包店里买了一个面包回来,正吃的时候,发现里面有一枚金币。他拿着这枚金币径直去找面包店老板讲述实情。但那位老人侧头诧然地望着那青年说:"怎么可能呢?"年轻人一本正经地坚持肯定那枚金币确实是从面包里发现的。

老人这才微笑着对年轻人说:"这枚金币就归你了。小伙子,你也看到我这人年事已高，在世时间不多了。可我无亲无故，既没老伴，又没儿孙，不知将这家面包店和我平生积蓄的遗产留给谁为好，烦恼之余，我想出了一个妙计，就是在面包里存放金币。几个月来我一直坚持这么做，可没看见一人归还金币，今天总算找到了，你实在是一个正直的人，从今以后，这家面包店就是你的了。"

老人以欣慰的目光望着那青年，深情地拍拍他的肩膀。

从这则故事中我们可以吸取一个有益的教训——投机取巧，欺骗他人的人，看似聪明，其实很愚蠢。发现了金币立刻归还原主，任谁都有机会承接巨额财产，但皆因心里有诡诈、贪婪私欲，以致贪小失大，错过蒙福的机会。

有这样一些人，他们以诡诈为心机，以欺哄为能事，觉得人活在世上不能太诚实。太诚实，会被人瞧不起，会被当作傻瓜，吃亏、受损。他们起初欺哄人时，也受到良心的谴责，心里忐忑不安，但在尔虞我诈的过程中，良心渐渐变得反应迟钝，后来就麻木不仁了。

然而，正直的人，即使普天下的人都乖谬行事，他也不受引诱、熏染；宁可自己吃亏，也绝不做偏离正道的事。正直的人是一道亮光，可以照亮这黑暗的世界，改造社会，净化风气。

The Highway of the Upright

"正直人的义必拯救自己，奸诈人必陷在自己的罪孽中。"（箴言11章6节）

正直人的道

尽览当今世界，冷暖人情，炎凉世态，难寻正直的人。

"直至命终，面对上苍，惟愿无一丝羞惭……"有位诗人这般崇高的情怀，在如今这个时代，几乎已是荡然无存。人们只顾眼前利益，汲汲于世俗安逸，多行不义，作恶多端，走向死亡的深渊。

然而，不拘任何时代、任何地方，在神面前正直行事的人，他们的道路必然亨通，凡事顺利。这里"正直"是指不偏左右地走正道；在心里铭刻神的道，顺着神所指示的正路一步步走到底。正直的人大体有三个特征：

第一， 不耻己过，敢于承认，诚然悔改；

第二， 果敢择善，断然弃恶；

第三， 不计利害得失，为人诚实无伪。

信心之父亚伯拉罕，为人正直，不谋私利，在信仰的真道上不偏左右。故此，无论他遭遇任何状况，神都让万事互相效力，使他得益处。亚伯拉罕通过熬炼，成为完全无可指摘的人，甚至得称为神的朋友，蒙神赐福，凡事亨通。

然而，不正直的人，他们只求自己的益处，为人处事以自我为中心，以致适逢特定环境，就投机取巧，见利弃义。民数记22章至24章里的巴兰就是其例。

巴兰财迷心窍，出卖以色列民，背叛神。起初摩押王巴勒请求巴兰咒诅以色列百姓的时候，他一口回绝。可是当巴勒用金银财宝进行引诱，再三挑唆的时候，他便按捺不住贪欲，明知是违抗神旨，却仍启程前往摩押。

半路上，神使巴兰所骑的驴开口警告巴兰。巴兰看似立刻悔罪，但最终还是将邪恶的招数密告巴勒，致使以色列百姓深陷罪孽，败坏堕落（启示录2章14节）。巴兰因贪爱不义之工价，对神背信弃义，犯下了不可饶恕的大罪（彼得后书2章15节）。

人若只顾眼前利益，沉溺于世俗贪欲，就很容易与邪恶妥协，做出愚蠢之举，以至灵性败落，失丧生命，落得个悲惨的境地。因为凡人一切的恶行都必受到神公义的审判。不过，神应许那些远离恶事，行正道走义路的人，要保全他的性命。

故我们应当奉行一切善事，走正直人的道，尽享神应许的祝福。

The Highway of the Upright

"正直人的道，是远离恶事；谨守己路的，是保全性命。"（箴言16章17节）

公正无私

高丽王朝后期名将崔莹,以公正无私,清正廉洁著称,至今尚有口碑。他把父亲"视金如石"的遗命作为自己人生座右铭。他虽出身名门贵族,但生活简朴,为人刚直。

有一天,崔莹将军的侄女婿安德麟涉嫌杀人罪被捕,令受理此案的司宪府感到颇为棘手。于是想把此案转交给崔莹将军所辖的巡卫府。

崔莹将军闻讯大怒,立令把犯人押回司宪府,并表示:犯人是我的侄女婿,但不能徇私枉法,从轻处置,必须秉公严惩,作为警世之鉴。崔莹将军不徇情面,公正无私地处理了这件事。

以此为鉴,我们应当自省,是否因为是自己的妻子、自己的丈夫、自己的儿女、自己的兄弟,或者是因与自己交厚的人,就徇情面,迁就人呢?有好的位置,不给合适的人选,而留给自己的亲人家属,或自己亲近的人,此人便是一个器量小的人。

神希望我们不偏左右,明断是非,公平公正。故我们任人断事不要以人的眼光,乃要以神的视角去衡量谁是更合适的人选、何是更为正义的事。

尤其是为国为民选举总统、部长、国会议员,乃至地方自治团体官长的时候,我们更当以不偏不倚,公正无私的心态去进行考量,权衡益弊。国君遇见怎样的臣宰,会决定一国之兴衰。

要论以公正无私的心,扶正朝纲,重振国威的人,非以色列王亚撒莫属。

据列王记上记载:亚撒王因其祖母玛迦崇拜可憎的偶像,就贬了其太后之位,并砍下她的偶像,烧在汲沦溪边。

即使是自己的祖母,亚沙王也不殉私情,秉公处置她悖逆神拜偶像的罪过。这不是说亚撒王离弃了其祖母,而是贬了其官位,因为若不这样做,她必然陷于灭亡,而且会导致臣民百姓也受其熏染,沉溺入拜偶像的罪中,以致神向他们掩面,国家深陷危机。

故我们也应在凡事上不徇私情,光明磊落,共建健康稳定的家庭、社会乃至国家。

The Highway of the Upright

"行仁义公平,比献祭更蒙耶和华悦纳。"(箴言21章3节)

勤勉、诚实、忍耐

　　有句话叫"千里之行，始于足下"。我们若要达到某种目标，需要一步一个脚印，一步一个台阶。

　　有这样一些人，他们由于热衷购置住房，或成就梦想心切，便顺着满脑虚荣，急功近利，因操之过急，以致落得个窘境。一分耕耘一分收获，若想提高生活品质，应当脚踏实地勤奋工作，不能急于求成，采取不正当手段。

　　但有的人贪图横财，抱着不劳而获的投机心态，行各种不义的事。还有一些人好逸恶劳，做事不用心，敷衍了事，以致贻害众人。这是懒惰人的劣根。正是因为有了这些做事不诚心，敷衍塞责的人，才会造成所谓"豆腐渣工程"，酿成大型事故，夺走许多人宝贵的生命。

　　然而，一个勤勉的人，则会凡事脚踏实地，一步一个台阶，扎下坚实的基础。他们从不贪恋别人的东西，在正道上不偏左右，扎扎实实地成就每一件事。

我们从过去的家庭妇女（母亲们）勤俭节约的精神，便可以学到智慧。

从前的家庭妇女们，每次做饭时都要从适量的大米中取出一把，贮存在预备的缸里。比如说有五口人，就从这五口人适量的口粮中取出些许，一点一点积蓄，等到满了一定的量之后，就将其变卖，换取几只小鸡。小鸡长大，可以下蛋，就把积蓄的鸡蛋卖了，换取小猪崽。通过精心饲养和繁殖，小猪多了起来，就卖了换取牛犊。如此一来，每顿节省下来的一把米，日积月累，竟能换来一头黄牛。在赖以农耕为生存之本的农村，一头牛可是家里的巨额财产。真可谓是聚沙成塔，积土成山。

凡这样树立目标，制定计划，努力成就的人，必蒙神的帮助，以致能够梦想实现，功成名就。因为神是公义的，祂必照我们所种的报应我们。在成就某种蓝图，或培养一个人才的事上也是如此。

牧童大卫蒙神拣选，受膏作以色列国王，也并非一步登天。神使大卫经历到无数次的试炼——长久岁月遭扫罗王的追杀，时常面临生命危险，饱受饥饿、穷乏之苦。因为经历到这些熬炼，大卫才得以具备精金般的信心、宽阔的胸怀气量，具备明君的资质。

摩西直到蒙神呼召作引领以色列百姓出埃及的领袖，也经受了许多的熬炼。他逃离豪华的皇宫，沦落为一介放羊的牧人，经历四十年的熬炼岁月。有时要面对死亡的威胁,有时要受饥饿之苦。通过这些熬炼,摩西变成了温柔谦和的人,具备了卓越的领袖资质。

因此,我们筹划某件事,不要急于求成,抱着侥幸心理,应当像把房子盖在磐石上的聪明人那样,行事为人要以诚实、忍耐、勤勉为本。

The Highway of the Upright

"殷勤筹划的,足致丰裕;行事急躁的,都必缺乏。"(箴言21章5节)

诚实人所结的果子

从前有一大财主，突然宣告要在大年夜释放家中所有的奴婢。众奴婢喜出望外，欢呼雀跃，烧掉了奴婢契约。

释放的日子临近，财主招聚众奴婢，下了一道吩咐："托付你们做最后一次工事，你们各人彻夜要捻麻绳，越细越好。"

结果，有的仆人满腹牢骚，压根儿就撒手不干了；大多数的奴婢抱怨主人到最后一天还要使唤他们，便马马虎虎，松松散散地捻了麻绳。但其中有一个仆人，因想到明天就要自由了，甚是感恩，便依照主人的吩咐，更加精心地捻麻绳，尽量捻得又细又结实。

次日，财主敞开房门，对奴婢们说：你们为我辛苦到至今，现在可以把这些铜钱穿到你们捻的麻绳上，能穿多少算多少，都要归你们。

由于古铜币中有个小孔，那些把麻绳漫不经心捻粗的众仆人只能穿上几枚铜币,但那捻得很细的仆人却能在细绳上穿满了铜币,发了大财。这则故事告诉我们为人诚实的好处。

创世记里的人物约瑟,也是一个具有诚实品性的人。约瑟是以色列的先祖雅各的第十一个儿子。由于集父亲雅各的宠爱于一身,遭到同父异母之兄弟们的嫉妒,以致被卖到埃及做了奴仆。但他丝毫没有抱怨或发泄不平,反而以诚实的心服事自己的主人,终于得到主人的信任,成为管理主人一切家产的大管家。

有一天主人的妻子看到约瑟相貌俊美,就挑逗引诱他。但爱神并敬畏神的约瑟丝毫不为之所动,决然排斥诱惑。

"在这家里没有比我大的,并且他没有留下一样不交给我,只留下了你,因为你是他的妻子。我怎能作这大恶,得罪神呢?"(创世记39章9节)

约瑟既没有辜负神恩,也没有背叛主人。然而,有一天由于回避主人妻子的再度引诱,从而遭到诬告,蒙冤下在内监里,就是王的囚犯被囚的地方。

然而,因有神的同在,约瑟在司狱眼前蒙恩,担任管理犯人的职务。后来,约瑟给得罪法老而被囚的埃及王的酒政和膳长解梦,并以此为契机,被召到王宫,为王解梦。

埃及王法老认出约瑟有从神来的智慧,便当即立他为宰相,派他治理埃及通国。

三十岁当上埃及宰相的约瑟,以他属天的智慧,在七个丰年期间预备,以防之后的七年饥荒,拯救埃及民族脱离危机。不仅如此,也使自己的父亲和兄弟们脱险,为以色列族群的形成奠定了基础。

The Highway of the Upright

"正直人的纯正必引导自己;奸诈人的乖僻必毁灭自己。" （箴言11章3节）

即或不然

有这样一些人，为人处事总爱"讨价还价"——人若爱我，我也爱他；人给我好处，我也以好处还他。他们不肯先求别人的益处，也不肯先为别人服事和牺牲，凡事持以"你若对我怎样，我也对你如何"的处世原则。更令人痛惜的是：在理所应当要做的事上，他们也要处处衡量得失关系。

《圣经》上出现很多在生死关头依然持守真道，固守节操而蒙神赐福的人们。

但以理的三友沙得拉、米煞、亚伯尼歌是与但以理一同被掳到巴比伦的犹大王族或贵族出身。在异国巴比伦，他们虽是俘虏身份，但仍彻底遵守神的诫命。于是神爱他们，赐他们聪明才智，使他们深蒙王的宠爱。没过多久，他们被任命为管理巴比伦省事务的高官。

有一天他们面临意外的考验。尼布甲尼撒王招聚文武百官，乃至各省官员，为所立的金像行开光之礼，并敕令所有的人要叩拜那偶像，违者必被扔到烈火的窑中处死。但以理的三友以爱神为至上，对他们来说，这是宁死也不能服从的事。他们不畏王命，坚决不去叩拜偶像得罪神。王得知此事，就令人将他们押上来。

王由于爱惜他们的缘故，要给他们一次活命的机会，便表示：现在还不晚，只要你们回心转意，服从王命肯叩拜金像，就饶你们一死。但他们不顾王劝，放胆对王说："尼布甲尼撒啊，这件事我们不必回答你。即便如此，我们所侍奉的神，能将我们从烈火的窑中救出来。王啊，他也必救我们脱离你的手；即或不然，王啊，你当知道我们决不事奉你的神，也不敬拜你所立的金像！"（但以理书3章16节-18节）他们坚信神是无所不能的神。

这是极为悲壮的信心之告白，表示即使神不从火窑中搭救他们，他们也甘愿为神舍命。他们奉行义举时，不求任何回报，认为那是自己应尽之本分，而且尽管冒死守义，却仍要面临试探时，他们也没有埋怨神，也没有感到艰难。

于是神照着他们信心的告白，从烈火的窑中保守他们安然无恙，甚至连头发也没有烧焦。见此惊人的场景，国王便将荣耀归给永活的真神，并且更加重用他们三人。

同理，当我们在神人面前，付出无条件的，亦即不求回报的真爱时,神必祝福我们,在我们生命中时常显现爱我们的凭据。

The Highway of the Upright

"爱我的,我也爱他;恳切寻求我的,必寻得见。" (箴言8章17节)

不改变的心志

郑梦周是高丽王朝末期的忠臣,是杰出的政治家、外交家、哲学家和诗人。他不仅才华出众,其品性也宽厚,博得人们敬仰。

在高丽王朝没落时期,郑梦周深陷反叛朝廷的李成桂(朝鲜王朝开国君主)和其子李芳远执拗的蛊惑和拉拢。因为李成桂和李芳远深知郑梦周是举足轻重的人物,所以想方设法利诱他共谋其图,笼络民心。

然而,郑梦周作诗《丹心歌》向李芳远表示他坚贞不渝,慷慨就义的心志,导致被李芳远刺杀身亡。因为他们意识到郑梦周不可能改变心志,便杀他以绝后患。郑梦周宁愿为义舍命,也不肯与不义之人同流合污。他这种宁死不屈,坚贞不渝的气概,给放纵私欲,朝秦暮楚,背信弃义的现今世代带来深刻的教训。

从《圣经》中可以看到,蒙神爱的大卫身边拥有很多坚贞不二,舍命就义的良友亲信(撒母耳记下23章)。这是大卫与安营在伯利恒的非利士军队开战之时发生的故事。大卫因口渴，当着众人，说："甚愿有人将伯利恒城门旁井里的水打来给我喝。"三个勇士听罢就立刻闯过非利士人的营盘，从伯利恒城门旁的井里打水，拿来奉给大卫。他们因为深爱大卫，便不以性命为念，成全了大卫的心愿。大卫见到那水却不肯喝，将水奠在神面前，说："耶和华啊，这三个人冒死去打水，这水好象他们的血一般，我断不敢喝。"因为他不忍心喝他们拼死打来的水。

大卫虽没有喝那水，但因为身边有这等甚至可以为他的一句话而冒死的忠勇之士而大受鼓舞。这样的朋友平生难得一个，但大卫除了这三个勇士以外，还有很多爱戴和敬仰他，并甘愿与他生死与共的忠诚勇士。

这是因为大卫在神人面前都以不变的心志持守信义。物以类聚，人以群分。为人良善，忠贞不二的大卫，便得了许多生死与共，肝胆相照的忠良之友。

大卫登基之后，直至在神面前成为更加全备的器皿，经受了许多试炼，但因身边有这等忠实的良友相伴，便能幸福快乐地度过了那些岁月。因为具备这种不变的心志、完美的品格和宽阔的胸怀，大卫便蒙神的宠爱，成为以色列历代最为卓越的君王。

The Highway of the Upright

"恒心为义的，必得生命；追求邪恶的，必致死亡。"（箴言11章19节）

尊荣以前必有谦卑

Humility Goes before Honor

"谦虚为怀，降卑己心，
看别人比自己强的人，
是神所喜悦的人，无论他在何处，
神必使他尊大。"

大人和小人

堪称"交响曲之父"的弗朗茨•约瑟夫•海顿,毕生创作出许多作品,《创世记》是其著名经典作品之一。

在维也纳公演《创世记》时,海顿是在年老、身体不佳的情况下坐在后面观看演出。这天指挥发挥得非常出色,管弦乐队演奏出磅礴、庄严、优美、感人的旋律,将海顿的作品演绎得淋漓尽致,非常轰动,演奏完毕,全场的人都起立欢呼。

指挥止息会众的掌声,指着坐在楼台的海顿说:"就是这位先生!就是这位先生谱写了如此优美动听的乐曲。"人们一齐回首以崇仰的目光望着他,并致以热烈的掌声。

海顿止住他们的掌声,高声说:"不,这不是我的作品,那音乐是从天上来的,都是因主赋予我智慧才成的,诸位应当将荣耀单单归给这位全能的上帝!"就这样,指挥将众人赋予他的荣誉归给了海顿,海顿又将一切荣耀归给了神。

这就是大人的风范、善心的体现——懂得将被赋予的称赞归给别人;得到应得的待遇,也觉得自己不配,感到亏欠。这样的人若有了过失,就算是充分地弥补了,也仍不失愧疚之心。

气量小的人则不同,他们就是做了一件微不足道的小事,也巴望得人的夸奖和赞赏;别人做了好事,只要觉得不合自己的心意,就持否定的态度,甚者恨恶对方,排斥对方。

然而,善人见到好事,总要积极地肯定,不计合自己心意与否。明知是值得称赞的好事,却以不合自己的想法,或不理解为由,厌恶对方,甚至远离对方,这表明人心里恶多,气量小。即使是交情深厚的人,一旦对自己不利,就对他抱有情绪,甚至忌恨,这就是小人的劣根。

要论《圣经》上的代表性的小人,非以色列初代国王扫罗莫属。他败亡的原因就是因为放纵自己的情绪。大卫为国家、君王和百姓,冒死争战,大获全胜,博得百姓称颂。扫罗见此情形,嫉妒心油然而生,随即杀意填膺,寻机害之,以至动用兵力追杀大卫。

扫罗若是心胸开阔,当一个忠信的臣仆受百姓爱戴时,定会欢欣喜悦。然而他是个心胸狭隘的小人,反而忌恨大卫,作恶不断,以至被神厌弃。这与大卫形成鲜明的对比:大卫虽多次死里逃生,但即使得着杀扫罗的机会,他也没有对扫罗下手。不但如此,当他听到扫罗战败阵亡的消息时，甚为哀恸，与百姓一同禁食为他哀哭。神喜爱大卫这般君子胸怀，便立他为王，并赐福于他。

Humility Goes before Honor

"要别人夸奖你，不可用口自夸；等外人称赞你，不可用嘴自称。"

（箴言27章2节）

降低心灵门槛

一般"门槛高"是比作某些地方不易进入。比如说某大学的门槛高,意指入学难度高;银行或政府部门门槛高,意味着因条件苛刻或手续繁杂,遇事求助却难以正常获得。有时还形容某一人家门槛高,主要指那些有权有势的家庭,一般人很难见到那家的主人。

从古到今,若要觐面达官贵人,必须要具有能与之比肩的财力和身份。

然而,心里谦卑,有德行的人,即使身居高位,名震天下,也不会高立自己的门槛,许多人可以在他里面栖息安歇。总之,门槛高,或门槛低,取决于众人能否栖息依偎其胸怀。

有夸耀的心、自尊心、虚荣心的人,别人很难靠近他,即使靠近他,也很难从他得到心里的安息。

韩国有句俗语叫"青蛙总是忘记自己曾经是蝌蚪",意即有钱了、地位高了,就忘了曾经的贫贱,反变得心高气傲,忘乎所以,亦指高立心灵门槛的人。这样的人总是得不到别人的心。一个人即使集财富、名声、权势于一身,却没有和谐的人际关系,也没有爱与被爱的人际交往,在他就不会有平安与幸福。

但那些心灵的门槛低的人,即心里柔和谦卑,与众人和睦相处的人,心里常享平安。若是成就这样的心,得着肝胆相照、可以分享真爱的人,我们的人生该是何等快乐呢!若能得到为自己舍命的良友,便是胜似应有尽有的帝王。

降低心灵门槛的人,即使是身居高位,也不倨傲自大。他们爱德兼备,宽以待人,即使是对自己的下属也会一视同仁。即使下面的人做事进展缓慢,也不会对他一一干涉、指示或命令,反而放眼长远,抱着期望,耐心地等候。下属从而能够尽情地发挥自己的能力,放胆施展自己的才华,以致成长为卓越的人才。

人若降低心灵的门槛,使许多人在自己的怀中栖息,并辅之成长为栋梁,必能功成名就,博得人们尊敬。

Humility Goes before Honor

"喜爱争竞的,是喜爱过犯;高立家门的,乃自取败坏。"

(箴言17章19节)

看别人比自己强的心

这是在美国的一间教会里发生的事。

一个主日，圣徒们为了献上敬拜，一起庄严地唱着赞美诗歌。此时，有一衣衫褴褛的陌生人走进了教堂，他沿着通道走到前排，东张西望地寻找空位，发现堂内座无虚席，无奈便卷缩着身子坐在地毯上。

人们看到这一情形，纷纷露出不耐烦的神色，互相交换愤愤不平的目光，有的还窃窃私语议论起来。

陌生人意识到周围人的视线，便觉得羞愧，面红耳赤，不知所措。当下有一位老绅士向他走来，默然坐在他的身边。

众人对老绅士的这一举动一时摸不着头脑，但立刻领悟了一个重要的教训——自己是以貌取人，加以藐视和论断，但老绅士却以宽厚的情怀和无微不至的关爱，真诚地接待这位初来教会的人，使他倍感温暖与安抚。

如果我们也能像这位老绅士那样以慈悲为怀,时常设身处地勉励别人,带给众人力量与盼望,该是多么美好呢!

对方若有过失,就替他遮掩;若有欠缺,就为他帮补,如果我们具备这般的胸怀器量,许多人就可以栖息依偎在我们怀中,得享灵魂的安息。我们若不彼此藐视和轻慢,反而互相尊重和爱护,便能像知心老友一样,彼此间常保持美好的关系。

腓立比书2章3节-4节说:"凡事不可结党,不可贪图虚浮的荣耀,只要存心谦卑,各人看别人比自己强。各人不要单顾自己的事,也要顾别人的事。"这就是耶稣基督的心。耶稣身为创造主——神的儿子,却甘为我们自己卑微,披戴肉身,降世为人,并以无私的爱,服事了我们所有的人。祂被钉于十字架,流尽了血和水,赎出人类脱离罪和死亡,开启了拯救的大门。所以神将祂升为至高,又赐给祂那超乎万名之上的圣名。

一个认识主的慈爱,真心爱主的人,即使是针对一个孩童,也不会轻看或藐视。正如歌罗西书3章23节所说:"无论作什么,都要从心里作,像是给主作的,不是给人作的。"他们无论待人还是处事,都会以服侍主的心志为本,予之精诚。

人若是具备这种心灵,即使无人晓得自己所做的事,无人记念自己的功绩,也不介意,且是一心想要荣耀神的名,率先去做别人不愿意做的事。

这样，以谦卑为怀，将自己摆在低微的位置，看别人比自己强的人，神必叫他升为高——在家庭、学校、公司里受到别人的尊敬，在天上得享极大的尊荣。

Humility Goes before Honor

"心里谦卑与穷乏人来往，强如将掳物与骄傲人同分。"

（箴言16章19节）

尊荣以前必有谦卑

俗话说"成熟的稻子总弯腰"。

人随着品德的升华,学问的加深,自然会为知识所蕴含的无穷的境界所惊叹,自觉极其卑微渺小,便以夸耀自己为耻。古代那些德高望重的贤人,他们随着学识的积累,地位的升高,反而更以谦卑为怀,施恩布德,至今也仍传为佳话,受人崇敬。

退溪李滉是学识渊博的人,堪称朝鲜李氏王朝最伟大的学者。他名扬四海,甚至很多中国和日本儒学者也崇尚他的学问和思想。

他之所以能够如此受人敬仰和称颂,不仅仅是因为他有渊博的学问,主要在于他为人的谦卑和美好的德行。尽管众人崇尚他的学问,但他还是觉得自己尚未悟出真道,执着勤勉上进,直至命终。一旦醒悟到自己思想上有误,就立刻改正;若有敢于指出自己误点的弟子,便喜出望外。

临终时，他对着为他悲哀的弟子们说："我与你们同心同德，倾心致力研究学问，但此时此刻回想往事，只对自己愚笨、懒惰和无能，徒增悔意！"

名望、地位越高，越自卑谦逊，是一种崇高的美德。在属灵的世界里更是如此。我们所赖以生存的这个世界是有限的三维空间，其上有四维空间，是无始无终的无限的灵界。我们随着不断经历属灵的世界，深入了解创造万有的神，就不得不承认自己的卑微和渺小，并发自肺腑地告白说："我连一丝灰尘都不如！"由于醒悟到自己的知识和经验不过是沧海一粟，从而自我的固定观念、常识、理论一概被攻破。

人若具备这种谦卑的心，就不会看见别人眼中有刺，反而设身处地，理解和宽容别人。而且看别人比自己强，看见对方的优点就努力效法。别人犯了错误，就用爱心去劝勉，促使他幡然醒悟，悔改归正。这样的人，与他同处，任人都会感到幸福，心灵得享安息。

为神的国至死尽忠的使徒保罗，虽行过许多奇事和神迹，甚至彰显死人复活的大能，却仍持守谦卑的情怀。从哥林多前书15章10节保罗的告白中，我们可以了解保罗这般心境："然而我今日成了何等人，是蒙神的恩才成的；并且他所赐我的恩不是徒然的。我比众使徒格外劳苦，这原不是我，乃是神的恩与我同在。"

因为保罗有这等谦卑的内心，神就乐意将自己的权能赋予他，使他

成为神重用的器皿。不但如此,神为他预备"公义的冠冕",使他在永恒
的天国,得享极大的尊荣。

Humility Goes before Honor

"败坏之先,人心骄傲;尊荣以前,必有谦卑。"(箴言18章12节)

如何受人尊敬？

1970年美国编辑协会针对美国人进行的民调结果显示：国人最为尊敬的人物，第一位是耶稣基督，第二位是亚伯拉罕·林肯。

林肯出生在一个虔诚的基督徒家庭，他自幼受父母信仰的熏陶，具备坚定的信念。他昼耕夜读，勤勉上进，终于自学成才成为一名律师。

一次无意中，林肯来到了奴隶市场，看到人们贩卖黑奴的情形，就义愤填膺。这成为他当选总统之后导致美国南北战争的重要因素。

在战争期间，他亲临战场，安抚军心，鼓舞士气；在任期间，他在白宫，经常通宵向神祷告。正值战争硝烟处处弥漫的当儿，总统中期选举期然而至。正投身于内战的水深火热之中的林肯，无暇进行竞选演讲，也无法正常参加竞选活动。

有一次他参加葛底斯堡国家公墓揭幕式，面对一万五千多名群众进行演讲。仅用268个单词，不到三分钟的演讲，给美国民众带来极大感动，成为美国历史上最伟大的演说之一。因为演讲中淋漓尽致地表达自由平等的思想感情，抒发对战争中英勇牺牲的烈士深挚的赞颂之情。尤其他提及的"为政当以民有、民治、民享为本"的口号，言简意赅，一语中的地指出民主主义的真谛和崇高目标，使得此一简短的演讲成为永垂不朽的经典演说。

投票结果，林肯取得了压倒性的胜利，南北战争也在北军的凯歌声中落下帷幕。他的这种诚挚的爱民为民的高尚情怀与务实作风，乃是源自他那对神的虔诚的信仰。

相传，他每次遇到难处，都要向神祷告：神啊，求您帮助我。若没有您的帮助，我将一事无成。就这样，凡诚然信神，奉行神的旨意，以谦卑的心仰赖神的人，都必蒙神的赐福，凡事顺利亨通。

以发明龟船著称的朝鲜李朝时代的李舜臣将军；为韩国的独立运动献身的柳宽顺烈士等人，他们承认并仰赖天上的神，为国家和民族，不惜牺牲自己的生命。我们缅怀和景仰他们并非单纯因其丰功伟绩，乃主要在于被他们的胸怀气量和善行美德所深深打动。

不仅是战争英雄、伟大的政治家，或独立义士如此，凡以谦卑的心，信靠仰赖这位独一的真神，并且谨守遵行祂真理之道的人，无论在家庭里，还是在公司里，凡所到之处，也必受人青睐和尊敬。因为神是创造万有并主宰万有的全能者，祂比谁都了解各人的欠缺和不足，并赐人智慧与能力，补足各人所需，使得毫无缺乏。

Humility Goes before Honor

"人的高傲，必使他卑下；心里谦逊的，必得尊荣。"（箴言29章23节）

温柔与德行

温柔是指温良柔顺。

温柔的人其心性如棉絮，凡事包容，众人能够栖息依偎其怀中。

棉絮能将掷来的石头悄无声息地柔抱在怀中。温柔的人也与此相仿，他们凡事理解和包容，能与众人和睦相处。然而这跟那些由于弱智，遭人打骂也不会对抗，只会傻笑的情形判然有别。

真正的温柔是柔和的品性兼具德行。真正温柔的人刚柔相济，也有板正威严的一面，且能因事制宜，两面兼顾，治人有度。

如果说温柔是内含，那么德行是温柔的外现，犹如人和衣服的关系——再卓越的人，若没穿衣服，赤裸着身子，便是他的耻辱，所以缺少德行的温柔是不完全的。当然光有德行没有温柔也是徒然无益，身穿华丽的衣服，心性却是邪恶，便也是毫无价值的。

以历史人物高宗皇帝和世宗大王为例，两者均有温柔的品性，但有区别：世宗大王性情温柔兼具德行，赢得天下民心，其当政期间国泰民安，太平盛世，留下许多丰功伟绩，受许多忠臣良将的拥戴和辅佐。然而，高宗皇帝虽秉性温和，但却缺乏德行，导致朝纲不稳，国家动荡不安。

一个人若性情温柔却没有德行，虽然自身品性温和，却难以胸怀别人，治理人心。反之，温柔兼具德行的人，便能赢得众人，容人安栖于怀中，这就是真正的权柄。

凭着财富和名声得人，这样的权柄不过是暂时的，等有一天失去了财富和名誉，其权柄也随之化为乌有。以美德善行得众人之心，才是真正的权柄，这权柄乃是神所赐的，是赐给那些奉行神旨，弃罪成圣，降卑己心，服事他人的人。

马太福音18章4节说："所以，凡自己谦卑像这小孩子的，他在天国里就是最大的。"天国里最大的人，就是指在天上领受权柄的人。因为他们在世得了众人之心，所以神也要在天上赐给他相称的权柄。

Humility Goes before Honor

"义人所结的果子就是生命树，有智慧的必能得人。"（箴言11章30节）

完全的服侍

　　英国的一位首相，因有急事超速驾驶被交警拦截。首相对交警说："我是大英帝国的首相。"意思是：我有急务在身，请放我一马。但警察从容不迫地说："长相倒是挺像，但我们首相阁下是绝不会违章的。"

　　首相被警察的凛然正气所打动，回去致电最高警官，说明始末根由之后，指示他褒赏这位不畏权贵，大公无私的交警。接到通知的交警这下更加语出惊人："英国的法律上没有逮住首相就要行赏的条款。"

　　如果这位首相心地恶，定会怒斥那有眼不识泰山，胆敢处罚自己的警察。但这位首相对警察恪尽职守的态度反而深受感动，依此看来，这位首相为人比较良善。

然而从他仅仅因自己欣赏一个人的缘故就要给他褒赏的态度可以看出,他里面潜藏着一种特权意识。当然这与以权谋私,损人利己的恶劣行径判然有别。

在那些貌似善良的人当中,也有很多人具有仗着自己权势,使唤别人的属性。为了成就某种事,按照次序,对下属进行劝勉或指示一些事是很正常的。但在此过程中若是以逼人的架势,颐指气使的态度对待下属,那么在神看来,这是一种骄傲的表现。在主里面,随着地位的升高,我们应当更加降卑己心,服侍别人。

我们可以从耶稣这位为了拯救走向死亡的全人类而降世为人的神子身上,学到何为真正的服侍。耶稣也时常指示门徒们做他们当做的事,借以成就神的国度。但这样的命令或指示,并非出于高傲的心。

耶稣虽然贵为神的独生爱子,却反倒虚己,服侍自己的门徒,甚至亲手给他们洗脚。

跟随耶稣的群众中,富裕权贵之人不多,大多都是贫穷低微的人。但耶稣没有偏见,对所有的人一视同仁,真诚地服侍他们每一个人——祂医治百姓各样的病症,并传天国的福音给众人。祂对那些贫穷而被冷落的弱势群体更是体恤有加,甚至在为担当所有人的罪,被钉十字架流血死去的时候还祷告说:"父啊,赦免他们!因为他们所作的,他们不晓得。"我们可以从中领略到爱的真谛和服侍的实意。

我们若有权柄责备或指示他人,还应当兼具能为他人舍命的服侍的心。这样必蒙神至大的爱，在地常有神的同行，在天永居挨近主宝座的地方。

第七章

极致的善和完全的爱

The Highest Level of Goodness, Perfect Love

"人若具备极致的善和完全的爱，
必蒙神至大的爱，
在地时常与神同行，
在天永世得享极大尊荣，
像日头一样发光。"

三种心

在这地球上生活着数以亿计的人类,但每个人的相貌都不一样,心理和性格也各不相同。

有的人貌似随和宽厚,平易近人;有的人则显得冷漠孤僻,看似很难相处。

然而,人的外貌是有形的;人的内心则是无形的,故无人能测透。俗话说:人不可貌相。我们可以看到有些人品性和外貌正好相反。故我们应当懂得辨别人的心理。若能懂得辨别自己的心理乃至别人的心理,方可智慧地应对每一件事。

人心大可分为三类:

第一种类型是:良善而诚实的人。

这类人即使受别人的攻击或刁难,虽然为一些令人不快的事情发生感到悲哀，但不会向对方心怀恶念或负面情绪，反而予以理解和宽容，并且也不记念在心。故他们不会与人争竞，从而能够心里常享平安。例如，韩国古老的童话故事《孔姬和法姬》中的主人公孔姬，便是持有这般情怀的少女。她虽受继母和继妹百般的虐待，但从未对他们抱怨或忌恨，反而对自己不能满足她们感到愧疚。持有这种心境的人，就能与众人和睦，并蒙神的宠爱。

第二种类型是：性格爽直的人。

这类人若觉得别人的行为不顺眼，就立刻以其人之道，还治其人之身，或直言不讳地加以谴责。他们由于自义过于强烈，经常与人产生摩擦，周围的人往往对他敬而远之。不过这种秉性爽直的人因不把情绪或仇恨压在心头，故过犯相对比别人少一些。

第三种类型是：怀恨在心却不露声色的人。

他们为人不诚实，口里自然流露谎言。他们表面上看似善良，实际上却是心地顽恶。神称这类人为"外面披着羊皮，里面却是残暴的狼"，并说他们有祸了。

那么，第二和第三类型的人若想改变成第一类型的善美的心灵，应当怎样行呢？

第二种类型的人，要在挑别人眼中的刺之前，先要发现自己眼中的梁木。要知道喜欢指责别人的人，其心里有着比别人更大更重的恶。只有将这样的恶彻底清除，方能本着善心，诸事都有正确的分辨。且因没有论断定罪的心，便能达到爱人如己的境界。

第三种类型的人，要通过火热的祷告，把自己心中诡诈的属性除去净尽，给自己打造一颗诚实的心。

神希望我们都能变成良善而诚实的人，故将蕴藏人生智慧的箴言赐给我们，让我们能有这般心得领会。

The Highest Level of Goodness, Perfect Love

"隐藏怨恨的，有说谎的嘴，口出谗谤的，是愚妄的人。"

（箴言10章18节）

善美之心与仁义之心

约2000年前,在以色列的小村庄拿撒勒,有一位名叫约瑟的木匠。他是一个爱神的人,为人仁义良善。

有一天他得知了自己所聘之妻马利亚怀孕的消息。还未入洞房,订婚的女人却已有身孕,对他来说这着实是难以承受的打击。无论从时代习俗看,还是从约瑟本人的立场考虑,都是令人难以接受的事件。

按照当时的律法,行淫的女人必须要处以石刑。约瑟即使以报复起见,把这一处女怀孕的丑闻公诸于众,任人将她乱石击打处死,也是无可非议的。但生性良善的约瑟,不肯张扬此事,只想暗暗地把她休了。从约瑟的行为中我们可以看出,约瑟心里没有任何背叛感或仇恨的情绪。

看看当今世界,有的新郎以嫁妆微薄为由,虐待新娘,以致矛盾激化,甚至闹到离婚的地步。

善人则不同，他们虚怀若谷，纳川如海。神遍地寻找这般良善而仁义的人，要照他们所行的赏赐他们丰盛的祝福。从约瑟所蒙的祝福中，我们可以了解到这一点。

当约瑟正为马利亚怀孕的事而苦恼时，有神的使者向他梦中显现，对他说："大卫的子孙约瑟，不要怕，只管娶过你的妻子马利亚来，因她所怀的孕是从圣灵来的。她将要生一个儿子，你要给他起名叫耶稣，因他要将自己的百姓从罪恶里救出来。"（马太福音1章20节-21节）。

正如经上所记，马利亚通过圣灵感孕，怀了耶稣这位为拯救全人类而道成肉身的神之独生爱子。约瑟与马利亚一同获得养育神子耶稣的资格，这是何等大的福气！

真正心地良善的人，不喜欢揭露别人的短处或过犯。

但有这样一些人，自己明明是在往来传舌，却仍执迷不悟。例如，他们说"这人有这样那样的缺点，但我能理解他。"这好像是在为自己有容人之雅量夸口，但其实另一方面是在揭人的短处。我们要知道这种揭人之短的行为，是何等大的恶，应该断然远避这些恶行。

若有人犯罪，就要当面对他进行爱心的劝勉，这才是善义的举措。

The Highest Level of Goodness, Perfect Love

"遮掩人过的，寻求人爱；屡次挑错的，离间密友。"

（箴言17章9节）

怜恤与慈悲所产生的奇迹

风雪呼啸的有一天，享有印度圣人之美誉的孙大信正在翻过尼泊尔地区的一座高山。途中碰到同路的旅人，便与他结伴同行。

凛冽刺骨的寒风，透过单薄的外衣，肆虐着他们的身体，犹如刀绞。山上杳无人迹，加上风雪呼啸，天寒地冻，他们的旅途甚是艰难。

半路上，俩人发现有一位老人倒在雪地里。只见老人全身冰冷，无助地呻吟着。孙大信要带着老人上路，那同行者非常生气地说："我们连自身都难保，还要带上这老人，我们岂不都要一起丧命了。"说罢自己就先走了。

孙大信不忍心留下奄奄一息的老人独自走开，就背着他，冒着风雪艰难前行，同路人已是不见身影了。如此这般艰难的旅程，就是独身一人也难以承受，但孙大信还要背着老人前行，实乃以命相搏。

由于跋涉吃力，孙大信身上开始发热，热气传到背上的老人身上，老人渐渐恢复了知觉。俩人相依对方的体温，居然不至于冻死，顺利地翻过了那座高山。

他们翻过了那山，到了一个村子，发现路上躺着一具冻僵的尸体，走近一看，大吃一惊，原来这就是先行的那个同路人。

对神的信仰格外虔诚的孙大信，素来追求仁义，乐于助人，具有仁爱、怜恤与慈悲的情怀。故此见到悬命一线的垂危之人，不肯为一己之性命而置别人生死于不顾，自然做出了冒死舍身救人的义举。

人算不如神算，凡事不都依照人谋算的成全。照人的意思看，孙大信的举措无疑是要导致他和老人一起冻死的结局，但谁知他的这一舍己牺牲的精神，反倒保全了他自己的性命。这可称得上是怜恤、牺牲、仁爱和慈悲的心所产生的伟大奇迹。

人若以慈爱为怀，在正道上不偏不倚，并持守仁义的道理，就是行将死亡的人也能拯救。并能本着那无私的爱，为人师表，率马以骥，引人进入真理之路。

就像蜡烛燃烧了自己，照亮整个屋子；盐溶化了自己，为食物调味一样，舍己牺牲的情怀，必活出尊贵而美丽的人生，荣神益人。我们应当向众人施以仁爱和怜恤，这样，神必以慈爱与怜悯回报我们（马太福音5章7节）。

The Highest Level of Goodness, Perfect Love

"诸般勤劳都有益处，嘴上多言乃致穷乏。"（箴言14章23节）

诚实人所蒙的祝福

在国土面积狭小的国家里，拥有一所属于自己的房子，是许多人梦寐以求的夙愿。没有租赁过房子的人不知道无房之人的悲哀。

房地产投机就是践踏老百姓这一梦想，给众人带来痛苦悲伤的罪魁祸首。房地产投机，是以人类赖以生存的基本条件——土地或住房为介质诈取私利的行为。因此借以聚敛的财富堪称不义之财。

以不义的手段聚敛财物，如同海边的沙城，堆造的再精美，也是徒劳无功，等到大浪侵袭，顷刻冲刷夷平。同样，人若不明白神的旨意，不活出祂真理之道，即使是倾注心血成就某件事，也必像海边堆造的沙城那样，忽然间遭致失败的厄运。所享受的荣华富贵，也要随之命终，必然归为乌有，灵魂落入地狱，永世受苦。

然而，信神并遵行祂旨意的人，不论自己富足还是贫穷，都会乐于施舍帮补邻舍，从不牟取不义的财物。他们在地生活常享平安幸福，在天永世得享永生福乐。通过下面所举的事例，我们可以了解到行事为人诚实良善的人，结出怎样美好的果子。

有一位女执事，她的丈夫曾是一名校官，后来退役进入了社会。但因找不到合适的工作，只好靠着退役金过日子，一天天过着不安定的生活。这位女执事对丈夫的前景甚是担忧，便以迫切的心情，为丈夫向神流泪祷告。突然她心里产生一个念头——要把丈夫的退役金献作建堂奉献金，并立即付诸行动。

后来丈夫找到一份工作，勉强维持一家人的生计。有一天丈夫突然以不满的语气对妻子说："靠这样微薄的收入，猴年马月才能摆脱贫困！到现在你昼夜在教会祷告，到底得到什么好处了？"

这天，女执事到教会通宵向神求告："主啊，我顺着心里的感动奉献了丈夫的全部退役金，但现在反而遭受很大的逼迫。我不愿因着此事，羞辱您的荣耀，求主帮助我……"

次日，丈夫买了一些新鲜的蛤蜊，登门拜访自己公司的老总。他正跟老总谈话的时候，在厨房里张罗饭菜的人，急忙跑出来，说蛤蜊里面发现了一枚珍珠。老总说："这是你买来的蛤蜊，珍珠应该归你了。"就伸手把珍珠递过去，这位女执事的丈夫极力推托，说："东西已经送给您了，就不再属于我的了。"

老总从他的表现看出他是一个诚实的人，于是给他安排一份好工作，又给他买了一套住房。后来众人给这位女执事一个"珍珠执事"的美称。

就这样，神唯独赐福那些远离不义的诚实人，并照他们所奉献的，赐他们三十倍、六十倍、一百倍的祝福。

The Highest Level of Goodness, Perfect Love

"说谎言的嘴，为耶和华所憎恶；行事诚实的，为他所喜悦。"

（箴言12章22节）

劝勉是爱的表现

　　爱有好多种类，包括恋人之间的爱、夫妻之间的爱、父子之间的爱、朋友之间的爱等等。表现爱的方式也各有分别，既有永恒不变的属灵之爱，也有与此相反的属肉的爱。

　　人的爱，有时会以扭曲的形态呈现出来。比如说有的父母过于溺爱子女，对孩子唯命是从、倾其所能，且乐此不疲，导致孩子变得大逆不道，以至走上犯罪的道路。

　　真正的爱，是在对方误入歧途时，以诚恳的态度加以规劝，使他能够悔改归正，而不会事不关己，袖手旁观。

　　真正的爱，不是占有对方，而是建立在尊重和服事的根基上。一个爱王和百姓的忠臣，当王走偏路的时候，会冒着被流放或赐死的危险，忠言直谏国王，使其归入正路。世上也没有一个爱父母的儿女，见到父母走向灭亡而置之不顾的。

论到《圣经》上冒死规劝父王的约拿单,他是以色列第一任国王扫罗的长子,是继承其父扫罗王位的最有希望的人选。他久经沙场,屡立战功,是一名骁猛善战的勇士,广受百姓爱戴和尊敬。扫罗对他格外信任,爱如掌上明珠。

然而,大卫杀败敌将歌利亚,屡战屡胜,救国救民于危难之中,于是他的名开始在百姓中得到称颂。扫罗便嫉妒大卫,定意要除灭他,以绝后患。但神将合自己心意的大卫,膏立为下一代国王,约拿单也知道此事。

不过,约拿单却爱大卫如同爱自己的性命,时常保守他脱离父王扫罗的毒手。

按肉体看,扫罗是他亲生父亲,也是一国之君,抗拒王命,为好友大卫辩护,不仅是对父亲的不孝,也是对君王的不忠。再者,大卫作王,意味着他已成定局的王位继承便将转瞬落空。论利弊,还是除灭大卫,才是明智的选择。尽管如此,约拿单并没有求自己的益处,反而恳求父王扫罗,不要流无辜人的血,自己取罪(撒母耳记上19章4节)。

扫罗虽一时听劝,发誓不再寻索大卫的性命,但没过多久重返覆辙。

约拿单每次都劝扫罗不要犯罪,但扫罗竟然恼羞成怒,甚至抢抢要杀自己亲生的儿子。约拿单为人良善仁爱,即使是这样的父亲,他也没有厌弃，反而依旧怜恤为怀，伴随其父，直至一同阵亡。

约拿单对其残暴的父亲，冒死以忠言加以规劝，终身不变地与他相伴。这就是真正的爱，是我们当效法的。

"骄傲只启争竞，听劝言的，却有智慧。"（箴言13章10节）

爱能遮掩一切过错

世界上最为动听，最为美妙，最强有力的字，非"爱"莫属。

爱有熔化刚硬的心；使灰心变为勇气；使绝望变为盼望的功效。真爱是遮掩一切过错、凡事理解和包容。这正是为拯救人类，背负十字架的耶稣基督之心肠。

我们接待耶稣基督，遵行神的话语，将真爱存在心里，便不会加害与人。就是面对心地顽恶的人，也能以仁爱与怜恤的心，予以理解和包容，故而从不与人结仇，能够与众人和睦共处。

这是一对夫妻之间发生的感人的故事：

妻子婚后接待耶稣基督，成了一名忠实的圣徒。然而，丈夫对妻子出席教会感到厌烦，便加以逼迫苦待。逼迫越深，妻子反而越发爱自己的丈夫，想方设法领他归主。

丈夫一直觉得不解：妻子什么都依从我，可为何唯独去教会的事上就不听我呢？

有一天丈夫酩酊大醉回来，对妻子拳打脚踢，逼她必须在教会和丈夫两者之间选择一个。由于妻子并没有给他一个满意的回答，丈夫便把妻子打得全身青一块紫一块的，并扒光她的衣服，攥出门外。之后不胜酒劲，酣然入睡。

时下正值寒冬，夜空中下起鹅毛大雪，不知过了多久，丈夫由于口干舌燥，醒来朝厨房走去，要喝口水，就在这个当儿，院子里妻子祷告的声音传入他的耳际：

"满有慈爱的父神，恳求您饶恕我的丈夫，使他能够认识您这位独一的真神。求您赦免我未能好好服侍自己丈夫、没能悉心关爱自己丈夫的过错，愿您将我丈夫一切的过犯，都归在我的身上……"

妻子的祷告，洋溢着对丈夫的那份浓烈的爱。听到妻子不以自己的暴虐怀恨，反倒求神饶恕她自己的欠缺的表白，虽是心地刚硬的丈夫，却也不由为之深深感动。

丈夫推开房门跑出院子，被眼前的一幕惊呆了——妻子赤裸着身子，正在屈膝向神祷告。因着彻夜下的雪，她的全身冻得发紫。见到此情此景，丈夫再也忍不住，眼泪夺眶而出，继而失声痛哭。

这天，丈夫将耶稣基督接在心里，在主里面成为一个新造的人，后来成了教会的长老。

The Highest Level of Goodness, Perfect Love

"恨，能挑启争端，爱，能遮掩一切过错。"（箴言10章12节）

极致的善和完全的爱

有这样一对夫妻，有一天他们发生争执，愈演愈烈，丈夫怒不可遏，便对妻子破口大叫："给我住口!"对这一粗暴的吼呵，妻子感情深受伤害，从此不再跟丈夫说话，以沉默进行对抗，直至命终，整整三十年。

可想而知，这三十年的岁月里，彼此之间所付出的痛苦的代价会是何等的巨大。

一句气话，成为祸根，遭致不幸，这样的事，在我们周围屡见不鲜。有的人说话惹别人生气，倒说：只是开个玩笑，何必那么认真。然而，人因口里所出的话使自己蒙祝福，也因口里所出的话使自己受咒诅。伤害别人、遭致咒诅的话，就是出于逗笑也不能说出口。更不能以开个玩笑为由，心安理得地说那些话。人若真正有爱心和服事的心，那种玩笑话是绝不会说出口的。

只说善美的言语，不伤害对方的心，这就是善。当别人口出伤人的话，也能以恩言感化对方，这便是更深层次的善。一般而言，当别人以恶言或恶行伤害自己时做出怎样的反应，可以作为衡量一个人善良程度的尺度。

对他人恶言恶行的反应有如下几类：

第一，是对别人话感到伤心，心怀负面情绪的类型。

这类人遇事轻易发怒，或者把情绪憋在心里，伺机进行报复。当对方犯了错误，受到领导批评，就沾沾自喜的，也是属于此类。

第二，是对别人的恶言，本着教养强忍的类型。

他们自以为具有品德修养，便以"不跟小人一般见识"的心态忍气吞声。他们虽没有把恶表现出来，但在察看人肺腑心肠的神看来，他们就跟第一类的人并无区别。因为他们的忍耐，并非出于善心。不过只是克制自己心里的恶没发出来罢了。

第三，是毫无不舒服之情绪的境界。

他们由于心地良善，毫无邪恶，故对人不抱有任何情绪；既无恨意，也无不快。这种境界的善虽是消极的善，但也是神所认可的善。

第四，是超乎顺应的水准，显出积极的善，感化对方的境界。

他们非但心里毫无情绪，反以感人肺腑的善言，令人哑口膺服，肃然敬服。他们的目光中散发着慈爱，令人倍感温馨，言谈举止间流露出善美的馨香，令人得到造就。

最后，是爱仇敌，甚至能为别人舍命的境界。

这是极致的善，完全的爱。神极其爱惜这样的人，在他生命中常与他同行，并使他在永恒的天国里，得享极大的尊荣，向日头一样发光。

The Highest Level of Goodness, Perfect Love

"恳切求善的，就求得恩惠，惟独求恶的，恶必临到他身。"

（箴言11章27节）

智慧为首

要得智慧,要得聪明,

不可忘记,也不可偏离我口中的言语。

不可离弃智慧,智慧就护卫你,

要爱他,他就保守你。

智慧为首,所以要得智慧,

在你一切所得之内必得聪明

(或作"用你一切所得的去换聪明")。

高举智慧,他就使你高升;

怀抱智慧,他就使你尊荣。

他必将华冠加在你头上,

把荣冕交给你。

我儿,你要听受我的言语,

就必延年益寿。

我已指教你走智慧的道,

引导你行正直的路。

你行走,脚步必不致狭窄;

你奔跑,也不致跌倒。

箴言4章5节-12节

"因为智慧比珍珠(或作"红宝石")更美,

一切可喜爱的, 都不足与比较。

我智慧以灵明为居所, 又寻得知识和谋略。

敬畏耶和华, 在乎恨恶邪恶。

那骄傲、狂妄并恶道,

以及乖谬的口, 都为我所恨恶。

我有谋略和真知识, 我乃聪明, 我有能力。

帝王藉我坐国位, 君王藉我定公平。

王子和首领, 世上一切的审判官, 都是藉我掌权。

爱我的, 我也爱他; 恳切寻求我的, 必寻得见。

丰富尊荣在我, 恒久的财并公义也在我。

我的果实胜过黄金, 强如精金;

我的出产超乎高银。

箴言8章11节-19节

智慧之泉
Fountain of Wisdom

本书所引圣经经文取自《现代标点和合本》

作　　者: 李载禄
编　　辑: 宾锦善
设　　计: 乌陵出版社设计组
发　　行: 乌陵出版社（发行人: 宾圣男）
印　　刷: 艺源印刷厂
出版日期: 1999年10月初版（韩国，乌陵出版社，韩国语）
　　　　　2010年12月二版（韩国，乌陵出版社，韩国语）
　　　　　2012年3月初版（韩国，乌陵出版社）

Copyright © 2012 李载禄博士
ISBN 978-89-7557-530-3
Translation Copyright © 2011 郑求英博士

问 讯 处: 乌陵出版社
电　　话: 82-2-837-7632 / 82-70-8240-2072
传　　真: 82-2-869-1537
E-mail: urimbook@hotmail.com

"乌陵"是旧约时代的大祭司为了求问神的旨意而使用的决断的胸牌，希伯来原意为"光"（出埃及记28章30节）。"光"代表着将我们引入生命的神的话语，因此"乌陵"也是代表着本为光的神。乌陵出版社为了用真光照亮整个世界，如今正在以祷告和赤诚，奔跑在文书宣教的前沿。